Katharina Schridde

Mittendrin

Katharina Schridde

Mittendrin

Auf Gottes Spuren in der Großstadt

HERDER

FREIBURG · BASEL · WIEN

MIX
Papier aus verantwortungsvollen Quellen
FSC® C083411

www.herder.de

Satz: de·te·pe, Aalen
Herstellung: CPI books GmbH, Leck

Printed in Germany

ISBN Print 978-3-451-37629-0
ISBN E-Book 978-3-451-81082-4

Inhalt

Vorwort

»In welcher Zeit befinden wir uns eigentlich?« Die junge Frau schaut mich verwirrt an, blickt abwechselnd auf ihre Zettel, ihren Notizblock, zum Flipchart mit den bunten Bildern und Landkarten. Sie gehört einem Fortbildungskurs an, in dem Erzieherinnen und Erziehern einige Grundlagen des christlichen Glaubens vermittelt werden sollen, die sie für ihre Arbeit brauchen. Wir sind soeben in einem Schnelldurchlauf durch 3000 Jahre Religions- und Kulturgeschichte des Nahen Ostens und Europas gesprungen und wollten nun einzelne biblische Ereignisse genauer betrachten. Ich wollte das. Die, die mir mit immer angestrengteren und etwas mürrischen Gesichtern zuhören, wollten das vielleicht nicht. Ich bin viel zu schnell vorgegangen. Aber für solche Luxus-Fragen wie Glaube und Religion sieht der Lehrplan keine langen Zeiträume vor. Zwei Tage müssen genügen, das sind real etwa 12 Unterrichtsstunden für 5000 Jahre Geschichte und ihre Bedeutung für unser Leben im realexistierenden Berlin des 21. Jahrhunderts.

Ich ahne leise, dass der Kontakt zwischen mir und den sämtlich konfessionslosen Mitgliedern des Kurses bereits jetzt an einem seidenen Faden hängt: zu fremd sind die vermittelten Begriffe und Gedankensysteme, zu kryptisch die Wortwahl und die Bedeutung einzelner Zusammenhänge. Wir, die Christinnen und Christen leben zumindest hier in Berlin und zumal im ehemaligen Ostberlin mit unseren Gedanken, Worten und Werken inzwischen auf einer Insel der Seligen. Wer nicht ohnehin dazugehört, versteht uns kaum noch. Und vielleicht geben wir uns manchmal auch zu wenig Mühe, dass wir verstanden werden könnten.

Möglichweise leben wir inzwischen wirklich in einer anderen Zeit. In einer Welt, die für alle anderen exotisch, vielleicht faszinierend, öfter wohl befremdlich ist, die aber in die gesellschaftliche Bedeutungslosigkeit abgleitet. Und wir merken es nicht einmal. Wenn aber doch, dann ist das Bedauern insgesamt leise vernehmbar, aber nicht ernsthaft bedrängend.

Ist das gut so? Nein, ganz gewiss nicht! Denn derjenige, auf den wir Christen und Christinnen hoffen, Jesus von Nazareth, hat uns aufgetragen, hineinzugehen in die Welt seiner Schöpfung mit all ihren Brüchen und Rissen, mit all ihrer Schönheit und Verzückung! Und uns damit auch verletzbar zu machen. Und er hat uns aufgetragen, dies in einer Sprache zu erzählen, die die Menschen dieser Welt verstehen. Unser Weg muss uns in die Orte führen, in denen die Menschen unserer Zeit auch wirklich leben, diese anderen Menschen, die wie wir das Leben suchen und sich danach sehnen. Nach diesem ganzen, vollen, bunten Leben mit allem Schmerz aller Hoffnung und aller Sehnsucht. Es ist doch diese Sehnsucht, die so viele Menschen schreien oder verstummen lässt, wenn sie spüren, dass ihnen Sinn und Liebe entzogen werden und es eigentlich gleichgültig sein könnte, ob es sie gibt oder nicht.

Nein! ruft die Sehnsucht. Da muss doch noch mehr sein. Da muss doch ein Sinn sein. Es muss doch einen Zusammenhang geben und eine Hoffnung, die uns nicht verloren gibt und die uns die Zukunft eröffnet in einem Leben, das den Namen verdient.

In welcher Zeit leben wir? In der Sehnsuchtszeit! Es wird Zeit, den Faden aufzunehmen, seinen Anfang zu suchen und ihn weiterzuspinnen, dass wieder ein Gewebe daraus werde.

Ein Teppich am besten, auf den wir uns setzen können und unsere Geschichten erzählen und dann erkennen, dass dieser Teppich, gewoben aus Zeiten und Klängen, unser Leben ist, das uns trägt über die Zeit hinaus in das Heute.

I.

Da muss doch noch Leben ins Leben!

Es wird Zeit, den Faden aufzunehmen, seinen Anfang zu suchen und ihn weiterzuspinnen, dass wieder ein Gewebe daraus werde. Ein Teppich am besten, auf den wir uns setzen können und unsere Geschichten erzählen.

Um Zeit also geht es und um uns in dieser Zeit und um die Frage, ob wir uns noch begegnen in der Zeit. Wir – das sind die Menschen, die ihren Lebensmittelpunkt noch immer und trotz aller Enttäuschung und Fragwürdigkeit in der Beziehung zu dem lebendigen Gott der Juden und Christen sehen, wie die Bibel von ihm erzählt.

Und wir – das sind die Menschen, die sich vielleicht abgewendet haben von diesem Gott, mit dem sie als Kinder noch gelebt haben oder von dem ihnen die Eltern oder Großeltern erzählt haben. Nun aber erleben sie, dass ihnen dieser Gott und mit ihm die Kirchen, Gemeinden und Gruppen, die sich auf ihn berufen, ihnen nichts mehr zu sagen haben. Dass dieser Gott und seine Fürsprecher und Fürsprecherinnen Antworten schuldig bleiben. Möglicherweise sogar verantwortlich sind für vieles, das es vor Gott gar nicht geben dürfte: Gewalt. Krieg. Angst. Not. Und Tod.

Was soll ich denn mit einem Gott, der mich vor all dem nicht bewahrt oder sogar hineinstürzt ins Elend? So fragen viele und so fragen wir, die Christen und Christinnen auch zuweilen. Ich auch. Immer wieder.

Um uns also geht es und um diesen Gott. Wozu brauchen wir ihn, wenn wir ihn denn brauchen? Und was ist der Preis?

Auf diese Fragen gibt es endlose theologische Abhandlungen. Es gibt Lehrbücher, es gibt Anweisungen zum Glauben. Es gibt Anleitungen zur Gottesbegegnung, die einem Internet-Date ähneln. Und es gibt Geschichten.

Geschichten von Menschen, die diesen Gott suchen und wieder verlieren. Geschichten von Menschen, die nach ihm fragen und von Menschen, die nie von ihm gehört haben. Es gibt Menschen, tatsächlich, die ihn lieben, diesen Gott, und es gibt Menschen, die ihn verfluchen.

Ob Geschichten wahr sind oder nicht, ob sie etwas zeigen von der erlebten Wirklichkeit oder nicht, können nur die beurteilen, die sie erlebt haben. Alle anderen können diese Geschichten glauben oder nicht. Oder sie können sie für möglich halten und dann schauen, ob sie für das eigene Leben irgendeine Bedeutung haben. Ob es denn sein könnte, dass sich das Gewebe der anderen Geschichte mit meinem Lebensgewebe verknüpft und daraus möglicherweise ein neues Muster in meinem Lebensteppich entsteht.

Ich liebe sehr die schön gewebten Teppiche der Völker und die so aufregend gewebten Geschichten der Menschen, die mir begegnen. Manchmal erzähle ich dann auch eigene Geschichten, hineingewoben in die Zeit, die wir ja doch teilen und in der wir gemeinsam leben. Und so beginne ich mit meinen Geschichten und denen, die ich gehört habe und in denen auch ich mitgewebt habe, und sei es nur für einen Augenblick.

Ich beginne mit dem Sonntag, denn nach christlicher Zeitrechnung – und ich leugne nicht, das ist die meine – beginnt die Woche mit dem Sonntag. Nicht mit dem Montag, denn vor der Arbeit des Montags geschieht die Verheißung zum Leben. Vor der Leistung, die gefordert wird, liegt der Zuspruch – der Zuspruch, dass vor aller Arbeit, aller Leistung, allem Zwang, allem Selbstbeweis die Liebe sich offenbart. Die Liebe, die uns in dieses Leben hineingeliebt hat, lang bevor wir auch nur den ersten Atemzug getan haben.

Sonntag also. Sonntagsgeschichten. Welche Sonntagsgeschichten fallen mir ein, wenn ich meine Erinnerungen weit zurückschauen lasse?

Ein weißer Flachbau, rechtwinklig angeordnet um einen Parkplatz: ein Supermarkt, der damals »Meyer« hieß und im Kind, das ich damals war, die Vorstellung erzeugte, dass alle »Meyers« einen Supermarkt besäßen, ja eigentlich selbst ein solcher wären. »Keine Feier ohne Meyer« war ein stehender Begriff bei uns zu Hause. Schon früh, lange vor der Zeit, seit der Lebensmittelgeschäfte auch am Sonntag öffnen können, lebte ich mit der Vorstellung, dass Feier und Einkaufen dicht zusammengehören. Dass sich etwa 40 Jahre später diese Verbindung umgedreht haben würde und das Einkaufen, zumal das sonntägliche, das eigentliche Sonntagsfest geradezu ersetzt oder doch wesentlich ausmacht, konnte ich damals nicht ahnen.

Neben dem SB-Markt Meyer stieg der betörende Duft von »Zuntz« auf, auch ein Name, der sich mir einprägte als ein Synonym für Kaffee und Schokolade. Wir gingen nicht in ein Kaffeegeschäft, sondern zu »Zuntz« und das blieb so, auch als die Geschäfte ihre Namen änderten. Dass »Zuntz« der Name einer überaus klugen und kreativen Jüdin war, begriff ich tatsächlich erst in diesen Tagen. Im rechten Winkel zu Meyer und Zuntz dann eine Reinigung und ein Schuster, ja, ein echter Schuster mit Lederduft und schwarzen Fingern, noch zwei andere Geschäfte, die mir entfallen sind –, vermutlich, weil sie nicht besonders dufteten und dann endlich wird es Sonntag: die Kneipe.

Ob sie so hieß oder anders, weiß ich nicht. Auch sehr viel später erst fiel mir auf, dass zu dem gesamten Ensemble sehr wohl auch eine Kirche gehörte, eigentlich nicht zu übersehen. Aber nicht sie gestaltete die Sonntage meiner frühen Kindheit, sondern eben diese Kneipe. Und der kleine Rasen daneben, der den Übergang zur Straße etwas traulicher erscheinen lassen sollte.

Auf diesem Rasen trafen wir uns fast jeden Sonntag, Nora und ich. Nora war meine beste Freundin. Wir wohnten nebeneinander, lebten miteinander und Nora war die Schwester, die ich mir wünschte. Nora musste an fast jedem Sonntagmittag zu dieser Kneipe im Einkaufszentrum gehen. Und weil sie sich manchmal fürchtete, allein hinzugehen, oder weil sie einfach nicht allein gehen wollte, ging ich mit. Denn ich fand diese Kneipe faszinierend, weil sie so ganz anders war als unser ordentliches, sauberes 70er-Jahre-Kleinfamilienzuhause.

Ich habe die Kneipe als klein und eng in Erinnerung, dunkel. An der Seite ein Spielautomat, für den Noras Opa uns gelegentlich einen Groschen gab. Links vom Eingang erstreckte sich der Tresen, eine metallbeschlagene Oberfläche auf Eichenholzkorpus, dort war der Geruch nach abgestandenem Bier noch unangenehmer als auf der rechten Seite des langgezogenen Raumes, an der die Tische standen. Diese viereckig, mit je einem Stuhl an jeder Seite, aus hellerem Holz, die Lehnen hart, die Sitzflächen noch härter. Und alles zu groß für kleine Kinder. Aber immerhin, die Kneipe schmeckte nach Fassbrause, nach viel Fassbrause, denn die bekamen wir, wenn wir sonntagmittags dorthin gingen.

Was haben Kinder von fünf, sechs, sieben Jahren am Sonntagmittag in einer Kneipe zu suchen? Was suchen Männer und Frauen zwischen 20 und 90 Jahren am Sonntagmittag in einer Kneipe?

Nora suchte ihren Vater. Immerhin glückliche Suche, denn sie wusste, dass er da war. Denn deswegen wurde sie ja geschickt in diesen Bierdunst zu Spielautomat und Fassbrause, weil ihr Vater dort meist die Sonntagvormittage verbrachte, gemeinsam mit seinen Eltern, Noras Großeltern. Frühschoppen sagte man dazu und dieser Frühschoppen war das, was man heute ein unanfechtbares und unwandelbares Ritual nennen würde. Eine familiäre Sonntagspflicht, so verpflichtend, dass Noras Mutter, die zu Hause das Sonntagsessen kochte und sich dabei wegen ihres frühschoppenden Mannes grämte, weil sie kaum Chancen hatte, dieses Ritual auch nur vorübergehend zu verändern.

Nora erzählte manchmal leise, dass ihre Mutter am Sonntag oft weinte, wenn sie den Braten zubereitete.

So suchte und fand sie ihren Vater sonntagmorgens in der Kneipe, er suchte und fand seine Eltern und wer weiß, was die Großeltern dort gesucht haben – gefunden haben sie neben dem Bier sich selbst als Eltern und Sohn. Sie haben einander vergewissert, dass sie noch da sind und als Familie füreinander erkennbar sind. Und vielleicht auch einfach ein paar Stunden, in denen sie nicht verantwortlich waren – für das Bier nicht und nicht für das Geschäft, nicht für Frau und Kind, nicht für die Welt oder die nächste Mietabrechnung. Sie durften da sein und nichts weiter.

Für Nora bedeutete dieses Sonntagsritual ihres Vaters allerdings, dass die Freude für den Rest des Tages spürbar gestört war und bis zum Abend auch kaum mehr gerettet werden konnte, denn ihre Mutter und sie waren eben nicht Teil dieses Sonntagsrituals. Ihre Mutter wollte nicht in die Kneipe gehen und ihr Vater nicht ohne seine Eltern sein – und so scheiterte der eigentlich sinnvolle Ansatz, aus dem freien Tag der Woche einen Familientag zu machen.

Manchmal durfte Nora am Nachmittag zu uns kommen und wir beide haben dann gespielt. Vater, Mutter, Kind zum Beispiel und dass alle am Sonntag glücklich miteinander waren. Denn dass die »Sonntagsleere« ein verbreitetes Phänomen in unserer Umgebung war, erlebten wir auch bei anderen Freundinnen. Das Beste, was wir von diesen Sonntagen sagen konnten, war, dass sie langweilig waren. Und dass es bei uns zu Hause abends oft Brote mit Tomaten und Zwiebeln gab, die ich ausgesprochen gern aß. Warum diese Köstlichkeit dem Sonntag vorbehalten blieb, weiß ich nicht, aber ein Sonntagsritual gab es auch bei uns. Und auch die Erleichterung, wenn die Sonntage vorbei waren und ich endlich wieder in die Schule gehen konnte. So waren sie auch für mich durchaus ungeliebte Tage, in denen vor allem ein tiefer Mangel sicht- und fühlbar wurde, bis ich sie durch sonntägliche Schwimmwettkämpfe selbst anders gestaltet habe. Es war der Mangel an gemeinsamer, erfüllender Erfahrung als Familie, die wir doch eigentlich waren. Stattdessen empfindlich gefühlte Abwesenheit jeglicher Gemeinschaft, eine Abwesenheit, die wir als Familie während der Woche anders überstehen konnten, denn da ging jede und jeder die eigenen Wege zwischen Arbeit, Schule, Einkauf. Mit anderen Worten: Ich mochte die Sonntage nicht.

Niemand hat uns gesagt, wozu ein Sonntag noch gut sein könnte außer der reichlich verbreiteten Tatsache, sich innerfamiliär zu streiten oder sich zumindest aus dem Wege zu gehen. Deshalb verstehe ich Menschen, die den Sonntag am liebsten zum Montag machen würden, aus tiefstem Herzen. Im Übrigen stellt sich die Frage heute kaum mehr, denn die Wirtschaft hat längst die Lücke entdeckt, die von den Kirchen und ihren Sonntagsgottesdiensten kaum mehr ausgefüllt wird.

Die großen Konsumkonzerne haben es verstanden, uns echte Alternativen zum sonntäglichen Vakuum zu bieten und es ist sicher kein Zufall, dass die Worte gleich bleiben: Wir werden wieder zum »Schoppen« eingeladen, wenn auch ein »c« verschwunden ist und wir nun zum Shoppen eilen. Dafür gibt es jetzt aber auch so ziemlich alles zum »Früh-Shoppen« ab 10 Uhr, Konsumpaläste und Arkaden öffnen ihre Pforten, die den antiken Tempeln würdig wären, die Einkaufsstraßen gleichen kostbar illuminierten Prozessionswegen, die Zahl und die Gestaltung der mitgeführten Einkaufstüten entsprechen einem priesterlichen Weihegrad im Olymp der Konsumgottheiten.

Nein, das ist jetzt sicher übertrieben.

Und längst habe ich meine radikale Ablehnung des sonntäglichen Shoppingvergnügens gezähmt, und das keineswegs immer aus Notwenigkeit.

Es macht einfach auch Freude, zu kaufen und zu haben und mit anderen das Erworbene zu vergleichen. Und es macht auch mir sehr viel Spaß, durch die festlich erleuchteten Straßen zu ziehen oder an Sommertagen im Straßencafé sitzend den Cappuccino zu genießen. Was ist schlimm daran? Nichts!

Deshalb muss die Frage eher heißen: Könnte es sein, dass da etwas fehlt, etwas, das nicht zu kaufen ist, für keinen und gar keinen materiellen Gegenwert? Ja, was fehlt uns eigentlich, das wir nicht mit Geld kaufen oder vom Arbeitsamt vermittelt bekommen könnten? Umfragen, veranlasst von staatlicher oder kirchlicher Seite, ganz sicher auch durchgeführt von findigen Werbestrategen großer Unternehmen, lauten: Was fehlt der bundesdeutschen »Normalbürgerin«, dem bundesdeutschen »Normalbürger« zum Glücklichsein? Die Antworten fallen erstaunlich ähnlich aus: Es fehlt die Gewissheit, dass sie *auch weiterhin* in Frieden, in Sicherheit und in halbwegs (oder auch mehr als halbwegs) gesicherten materiellen Verhältnissen leben können und die (eigenen) Kinder und Enkel ebenso.

Und wessen materielle Verhältnisse nicht einmal »halbwegs« sind, wünscht sich, dass sie es werden, und zwar absehbar – und das meint, noch zu Lebzeiten, also sofort.

Zum wahren Glück, das in Galerien und Kaufhöfen zu kaufen ist, fehlt entweder das Geld (das man sich unter Umständen beschaffen kann) oder – und das ist wichtiger: die *Kontinuität* des Glücks, von der immer häufiger behauptet wird, dass auch sie zu beschaffen sei oder, wenn es gar nicht anders geht, auch schon mal mit klarer Grenzziehung gegen die »Anderen«, die die Kontinuität des eigenen Glücks vermeintlich bedrohen. »Ausländer«, Flüchtlinge zum Beispiel. Sicherheit und Dauer also sind die Kern-Wünsche in unserer immer noch vorhandenen Wohlstandsgesellschaft, die gut ohne Gott auskommt, aber nicht ohne Religion, wie ich glaube, was nicht dasselbe ist. Und da begegne ich wieder der »Kern-Frage« zum »Kern-Wunsch«:

Wozu brauche ich dafür einen Gott, wenn ich doch gerade in der eigenen Biografie oder in der Geschichte der Welt oder auch im geteilten Leid der Nachbarin schräg unten im ersten Stock deutlich erkenne, dass gerade dieser von den Christen verkündete Gott nicht Glück und Kontinuität verspricht, sondern eben genau das Gegenteil, nämlich Unglück und Vergänglichkeit? Oder was sonst sollen die Kreuze an Kirchen und Altären, jenes Symbol, das doch von nichts anderem als von Tod und Vergänglichkeit zu sprechen scheint? Warum denn an einem Sonntag, gerade an einem Sonntag, der vielleicht doch noch einen Restposten an Glück verheißt, käuflich zu erwerben im Schaufenster oder im Freizeitpark, ausgerechnet an diesem Tag mit erhoffter größtmöglicher Beglückung in eine Kirche gehen? Um ernste, traurige Gesichter zu sehen, Texte und Lieder zu hören, die niemand mehr versteht? Ja, warum? Oder wozu?

In der Tat: Wäre Gott so, wie hier beschrieben und verhielte sich die Kirche so, wie hier wahrgenommen, dann gäbe es wirklich keinen erkennbaren Grund, sich dem auszusetzen. Zumal an einem Sonntag.

Allerdings ist noch nicht ausgemacht, ob es wirklich alles ist, was von diesem Gott der Juden und der Christen und auch der Muslime, der nach gemeinsamer Überlieferung derselbe ist, zu erwarten ist. Und der Beweis steht noch aus, ob wirklich alle, die sich zu diesem Gott – und in meinem Fall auch noch zu seiner Kirche – zählen, ob sie alle wirklich stecken geblieben sind in morbider Todessehnsucht und melancholischer Tatenlosigkeit. Es wäre nachzulesen, ob in der Bibel, diesem heiligen Buch, wirklich keine anderen Antworten zu finden sind auf die Fragen nach Sicherheit und Glück, vor allem aber, ob es denn keinen anderen Trost gibt für diese Angst vor dem eigenen Leiden und der eigenen Sterblichkeit, die so viele von uns tief verborgen, aber doch wirksam im Herzen tragen. Eine Angst, die unsichtbar bleibt, aber viele Gesichter angespannt und gehetzt aussehen lässt und viele Seelen verhärtet in der irrigen Annahme, dass die eigene Härte den Tod besiegen würde – oder doch wenigstens verdrängen könnte.

Ja, es mag sein, dass in den sonntäglichen Gottesdiensten der Kirche die Antwort auf diese Grundfragen und Grundängste der Menschen ausbleibt. Und ja, auch ich würde mich woanders hinwenden, um diese Antworten zu suchen, um zumindest nicht allein zu bleiben, hätte ich nicht zufällig und gegen alle Erwartung solche Antworten ausgerechnet dort gefunden, wo sie nach meinem Dafürhalten eben nicht zu finden waren, in der Bibel nämlich. Aber das lag nicht an mir und meinem Suchen, sondern daran, dass ich gefunden wurde. Deshalb bin ich überzeugt, dass diese Erfahrungen nicht übertragbar sind und dass sie Menschen nicht verordnet werden können. Sinnvoller scheint mir zu sein, dass wir uns miteinander ganz neu auf die Suche begeben nach den Spuren dieser Antworten in dem Leben, wie es heute ist.

Wo finden wir in der Kneipe dort im weißen Flachbau, wo in den großen Glitzergeschäften, wo in den Wellnessdüften und wo in der stillen Verzweiflung der Nachbarin schräg unten im ersten Stock Antworten auf diese Frage nach einem Glück, einer Geborgenheit, einer Freiheit und einer Liebe, der nichts, auch nicht der Tod, etwas anhaben kann? Wo also suchen und finden wir gemeinsam einen Weg, auf dem weiter zu gehen sich vielleicht lohnt?

Mein Wegweiser, ich sagte es schon, ist die Bibel. Mir ist sie lieb und nahezu einzig. Zugleich bin ich überzeugt, dass andere Wegbeschreibungen – der Koran, die Schriften des Buddha, die Veden und die Bhaghavad-Gita, philosophische und schamanische Schriften – Menschen in gleicher Weise lieb und einzig sind. Und vielleicht ist es auch ein Poesie-Album der Großmutter oder ein Stück Literatur, dass diesen Platz einnimmt.

Gut so. Ich kenne die anderen Schriften nur nicht, deshalb kann ich nur »meinen« Wegweiser zur Hand nehmen, nur meinen Faden weiterspinnen, nur die Worte benutzen, deren Sprache mir vertraut ist. Damit es ein Gewebe werde, brauchen wir das Gespräch. Nur im Gespräch ist die Wahrheit zu finden, nicht in einer einzelnen Behauptung. Das sagt der jüdische Religionsphilosoph Martin Buber, und der lebte auch mit und aus der Bibel. Aber auch nicht nur.

Ein Gespräch also soll es werden, dieser Weg durch die Zeit, auf dem bunten Teppich, durchsponnen von unseren Geschichten, lauschend auf unsere Wahrheit.

Vielleicht spricht sie zu uns.

Webfehler

Die tibetischen Teppichweber, so habe ich gehört, weben den Himmel und die Erde in ihre Teppiche. Sie weben Schöpfungen und Welten, sie schaffen Paradiese und Un-Orte, sie weben wirklich – was für ein tiefes Wort! Wirklich: wirksam, Teppichwirken. Erschaffen also. Weben wirklich Wirklichkeiten, begleiten dies mit Gebeten und wissen um ihre schaffende Kraft.

Sie wissen aber auch, dass die Götter allemal mächtiger sind als sie selbst und dass sie ihnen verübeln könnten, wenn sie, die Weltenwirkenden, sich selbst gar als zu wirkmächtig verstehen wollten.

Deshalb weben die tibetischen Teppichweber ganz bewusst kleine Fehler in ihre Teppiche, um den Göttern zu sagen: Schaut, wir wissen sehr wohl um unsere Unvollkommenheit, nicht einen einzigen Teppich können wir ohne Fehl wirken – und ihr, ihr mächtigen Götter, erschafft die Welt ohne Makel. Und die Götter, diese Barmherzigen, nehmen den kleinen Betrug hin und loben die Absicht dahinter.

Das Bild der Welt erschaffenden Weber und Weberinnen ist uralt. Es reicht von den altnordischen Nornen, den griechischen Moiren und den römischen Parzen, die den Lebensfaden jedes und jeder Einzelnen auf ihrer Spindel aufwickeln, jeden Tag mehr, bis sie ihn am Ende abschneiden, bis hin zu den »Webern« Heinrich Heines: Deutschland, wir weben dein Leichentuch, wir weben hinein den dreifachen Fluch. Die verratene Arbeiterklasse als Todesgötter in der Unterwelt der Fabrikhallen.

Ein Buch, ich sagte es schon, kann auch ein Gewebe sein und wenn es wirksam ist, so ist es beabsichtigt. Wirksam aber in welcher Weise? Welches Bild will die Weberin, die Autorin, denn weben?

Ein freundliches Bild sollte es sein, ein einladendes wie ein blühender Garten, ein tröstendes wie ein lindernder Quell, ein ermutigendes wie ein erfrischender Sommerwind.

Und nun: ein Webfehler. Und anders als bei den Tibetern: nicht beabsichtigt. Eher, dass der Fehler hineingewebt wurde von anderen Webern, die anderes wollen als Sommerduft und Frühlingswiese. Weber, die anders singen als die Glocken in der Kirche. Es sind Weber, die singen voller Zorn: Wir weben, wir weben. Wir weben, doch nun kein Seidenkleid, sondern ein Leichentuch, gewebt für alles, was falsch und verlogen, was erniedrigend und entwürdigend ist, ein Tuch, einzudämmen den falschen Klang, der so säuselnd aus den Kehlen derer fließt, die die Welt an den Abgrund treiben.

Wer seid denn ihr, ihr zornigen Weber? Was wollt ihr denn, wenn ihr so empfindlich das zarte Muster stört?

In Heinrich Heines Lied von den Webern waren es eben diese, die schlesischen Weber, die im Jahr 1844 gegen Ausbeutung und Unterdrückung durch den preußischen König Friedrich Wilhelm IV. und seine ergebenen Adligen, Fabrikherren und Großgrundbesitzer protestierten. Sie wehrten sich dagegen, dass sie sich an ihren Webstühlen zu Tode schuften sollten, während sich die Reichen und Mächtigen in ihren prunkvollen Palästen mit den von ihnen gewebten Tüchern das Bratenfett aus den Mundwinkeln wischten.

In dem verzweifelt-zornigen Lied fluchen die Weber dreifach gegen Gott, König und Vaterland – und werden am Ende niedergeschlagen von diesem König und seinen Schergen. Der Weberaufstand, wiewohl Jahre früher begonnen, ist zu sehen als ein erstes Aufflammen der Revolution der Arbeiter in Deutschland 1848.

Aber wer singt dieses Lied, diese Verzweiflung, diese Wut denn heute? Wer zersingt damit mein zartes Gewebe?

Es sind Stimmen um mich herum, die schreien und brüllen

nach dem starken Mann – in Amerika, in Frankreich, in Ungarn und Österreich, auch in Deutschland. Auch in Deutschland wieder – und so laut!

Und anders als die schlesischen Weber wollen die heute so Zornigen nicht selbst dafür sorgen, dass das Geld verteilt werde, dass Gerechtigkeit herrsche für alle im Land. Sondern sie wollen die Schuld bei denen suchen, die doch genauso arm sind wie sie und ärmer noch – bei denen, die geflohen sind zu uns vor Krieg und Terror. Die heute so Zornigen und Unterdrückten suchen die, die noch schwächer sind als sie, anstatt sich gerade mit ihnen zu verbünden. Es ist ein Zorn, der Brandfackeln wirft in Asylbewerberheime, anstatt flammende Lieder zu singen vor den Parlamenten, in denen der Krieg beschlossen wird gegen alle Armen dieser Welt.

Die heute Unterdrückten wählen, man fasst es nicht, in ihrem berechtigten Zorn gegen den Geldadel ausgerechnet einen Milliardär, von dem doch bekannt ist, dass ihn nichts interessiert hat als die Vermehrung seines eigenen Ruhms und Vermögens. Der aber auch bisher gar nichts getan hat für die Armen an den Webstühlen, in den Arbeitsämtern, in den Hungerländern dieser Welt. Was tut ihr da, ihr Zornigen?

Das frage ich euch am 11. November 2016, drei Tage, nachdem das Großkapital in eurem Namen einen der Ihren als Präsident der Vereinigten Staaten küren dufte. Was tut ihr da?

Und was tun denn wir, die Frommen und Gottgläubigen?

Wo sind wir denn, denen unser Gott doch geboten hat, bei denen zu sein, die ohne Obdach und Kleidung sind? Wir, deren Herr Jesus Christus nicht mal ein eigenes Bett hatte, darauf seinen Kopf zu legen, während wir uns sorgen um den Erhalt unserer großen Bauwerke und um angemessene Gehälter der kirchlich Bediensteten? Wie weit reicht denn unsere Solidarität mit den Armen der Welt und in unserem Land wirklich?

Das frage ich mich und zuallererst eben mich, deren Sorge für die anderen auch immer wieder hinter den eigenen Worten so weit zurückbleibt. Hinter dem Gebot Gottes ohnehin.

Und das ist der Zorn im eigenen Herzen, der mir gerade dieses Kampflied in die schönfrommen Gedanken hineinsingt und einen Fehler in meine artigen Worte wirkt. Und vielleicht muss das so sein.

Denn ja, auch in mir sind viele Fragen und viel Zorn, der zu der Suche nach dem lebendigen Gott gehört. Denn dieser Zorn ist auch eine Kraft und eine Flamme, die dem Leben dienen kann, wenn sie ihren Weg findet und sich vereint mit dem, der selbst das Leben ist und nicht den Tod will – für niemanden. Eine Flamme, die lodern soll im Feuer der Liebe Gottes, mit der das Dunkel dieser Welt erhellt und erwärmt werden kann, wenn wir es nicht in unseren Herzen ersticken.

Mit dieser hoffentlich lebendigen Flamme im Herzen gehe ich weiter durch die Tage und durch unsere Stadt und versuche die Augen offen zu halten und das Herz zugänglich – auch und gerade für die, die mir zu denken geben.

Und nun nehme ich den Faden wieder auf und webe weiter an dem Gewebe dieses Buches.

II.

Hoffnung für Rosana

Montag, 6 Uhr. Nicht meine Zeit. Aber wessen Zeit ist das schon, wenn er oder sie nicht zu der seltenen Spezies der wirklich frühen Frühaufsteher gehört?

6 Uhr also, mein Handy-Wecker gibt Fiep-Geräusche von sich, die sich seltsam in meinen letzten Traum hineinzwitschern. Im Wachwerden habe ich ihn vergessen, vielleicht ist er auch einfach zerstoben – beleidigt von der Missachtung durch Wecker und schlaftrunkener Morgenroutine. Während ich die erste von mehreren Tassen Kaffee trinke, denke ich darüber nach, wie es wohl den anderen geht, die ich gleich in der S-Bahn treffen werde.

Wie geht es zum Beispiel der jungen Frau, die nicht wie ich ungestört in geborgener Stille am Tisch sitzt, sondern ihre Tasse zwischen Kinderbetten, aus denen die Kinder zu locken sind, Spülmaschine, aus der Teller herauszufischen sind, Schulranzen, in die das Pausenbrot zu verstauen ist, hin- und her balanciert? Wie hört es sich für sie an, wenn das eine Kind laut weint, weil es Ohrenschmerzen hat, das zweite verbotenerweise mit einem Handy spielt, während das dritte – der Große, auf den sie eigentlich stolz ist – laut motzend das Fehlen der Cornflakes beanstandet? Was lockt die junge Frau in diesen Tag, nachdem die Kinder versorgt sind? Woran denkt, sie, während sie regennass um halb acht in der S-Bahn sitzt und vielleicht zu irgendeiner Arbeit fährt?

Oder der junge Mann mit dem inzwischen nicht mehr so modernen Vollbart unter der dickumrandeten Brille? Mit wem ist er heute Morgen aufgewacht? War er allein, als er den Tag empfangen hat – falls er ihn empfangen hat – oder hat er schon mit jemandem gesprochen? Hat er den Einkauf organisiert oder die Abholung der Kinder aus dem Kindergarten heute Abend? Hatte er Zeit für ein Frühstück oder wird er sich gleich ebenso wie viele andere am Bahnhof Ostkreuz beim besten Croissant-Bäcker ein Frühstück einpacken lassen? Und wohin fährt er wohl?

Und dann die jungen Menschen, die unwillkürlich Beschützerinstinkte in mir wecken: die Schülerinnen und Schüler. Fast alle sind blass – es ist einfach keine Zeit, diese frühe Morgenstunde am Montagmorgen. Blass und fast alle ein bisschen angespannt. Manche reden über den bevorstehenden Schultag: eine Klassenarbeit, ein Test, der große Druck, die Lehrerin, die nett ist, und die Lehrerin, die besser einen anderen Beruf gewählt hätte. Ich kenne Lehrer und Lehrerinnen, die inzwischen Angst vor ihren Schülern und deren Eltern haben. Die bedroht werden von Eltern, deren Kinder nicht die gewünschten Zensuren bringen. Und von Kindern, die nicht die gewünschten Eltern haben und auch sonst niemanden, der sie liebt. Die einsam sind und Aufmerksamkeit erzwingen, notfalls mit Gewalt.

Von der Schönheit der Lehre und der glanzvollen Schulzeit reden nicht mehr viele, weder die einen noch die anderen.

Ich lasse meine Fantasien und vorgestellten Gespräche – Selbstgespräche wohl eher – beiseite, es ist Zeit geworden, nun wirklich loszufahren.

Meine Vorstellung ist nicht so weit entfernt von der erlebten Wirklichkeit. Da sind sie, die Schülerinnen und Schüler, die Frauen, die schon jetzt so müde aussehen, als hätten sie den Tag schon hinter sich. Die Hipster mit Vollbart und die jungen Mädchen mit den langen glatten, meistens in der Mitte gescheitelten Haaren. Na gut, wir sahen früher auch alle gleich aus. Ich sehe die älteren Menschen, Männer und Frauen, manche von ihnen mit einer gelassenen Ausstrahlung. Die Jahrzehnte gelebten Lebens härten ja auch ab, selbst gegen S-Bahnfahren am frühen Morgen.

Es ist seltsam still im Waggon. Die meisten halten ein Smartphone in der Hand, sehr wenige nur eine Zeitung. Wie überlebt eigentlich der Zeitungsverkäufer in der Vorhalle?, frage ich mich. Früher konnte man erkennen, was einer liest –

den Titel eines Buches oder die Schlagzeile einer Zeitung. Heute lassen sich eher die Geräte unterscheiden nach den Herstellern, was ein Hinweis auf eine Weltanschauung sein kann. Aber mit diesem Code bin ich weniger vertraut.

Was ich aber spüre, ist die eigenartige Diskrepanz zwischen körperlicher Nähe, die im vollen S-Bahnwaggon am Morgen nicht ausbleibt, und der großen Fremdheit zwischen uns.

Wir wissen fast nichts mehr voneinander. Was lest ihr? Was beschäftigt euch? Worauf hofft ihr? Wovor fürchtet ihr euch? Die Medien bemühen sich eifrig, alle diese Fragen mit Umfragen und Statistiken zu beantworten: Die Deutschen fürchten sich vor Flüchtlingen und Arbeitslosigkeit, vor dem sozialen Abstieg und dem Klimawandel. Nun gut, zumindest Letzteres würde uns verbinden. Die Deutschen hoffen auf Wirtschaftswachstum und eine bessere Altersversorgung. Einige bestimmt. Manch andere sind ja nicht allzu schlecht versorgt. Die Deutschen – wer ist das? – beschäftigen sich mit – ja, womit eigentlich? Gibt es etwas, das wirklich alle verbindet und gleichermaßen beschäftigt? Kaum. Zu unterschiedlich sind Biografien und Sozialisationen, zu weit entfernt voneinander sind inzwischen die einzelnen gesellschaftlichen Gruppen. Was teilen wir eigentlich noch?

Oder sind es wirklich nur noch die sogenannten »Milieus«, in denen wir uns beheimatet fühlen und möglichst eng von anderen abgrenzen wollen? Ist unsere Welt wirklich zu groß geworden für unsere Herzen, sodass wir uns kleine Welten bauen müssen, in denen wir uns sichern und schützen vor den »Anderen«, den »Fremden«, und das wären dann die restlichen 7,3 Milliarden Menschen, mit denen wir unsere Erde teilen?

Stimmt es, dass ihr alle, die ihr hier am Montagmorgen in der S-Bahn sitzt, Angst habt vor einer ungewissen Zukunft? Vor »Überfremdung«, wie die neuen Nationalisten behaupten und vor dem sozialen Abstieg, wie die Verfechter des Neoliberalismus uns androhen, wenn wir wieder etwas gerechter miteinander umgehen würden?

Und wie ist das mit eurer Hoffnung auf eine Kraft, die größer ist als unser Menschenverstand? Gibt es so etwas noch für euch, ist in eurem Lebensraum dafür Zeit und Raum vorgesehen? Ich müsste euch fragen. Habe vielleicht doch auch Angst vor Ablehnung oder – schlimmer noch – vor der Antwort, die ich auf diese Frage schon so oft bekommen habe: Nein, da gibt es nichts mehr außerhalb von uns. Kein Gott, keinen Sinn außerhalb des materiellen, keine Hoffnung auf ein größeres Leben über den Tod hinaus. Keine Verheißung auf eine Friedenszeit, die nicht mit Waffen erstritten wird, keine Liebe, die nichts fordert, sondern nur schenkt, am liebsten sich selbst.

So habe ich es immer wieder gehört. Glaubt ihr das wirklich, ihr morgendlichen Frühaufsteher und ihr Früherwachten? Glaubt ihr wirklich so wenig? Was trägt euch? Was hält euch? Was gibt eurem Leben denn Sinn? Was ist das für ein seltsames Buch, das lauter Fragen stellt!

Inzwischen sind wir am Ostkreuz angekommen. Wer immer sich die Wegführung von einem Bahnsteig zum anderen ausgedacht haben mag – ganz sicher wohnt er weder in Köpenick noch in Erkner, sonst hätte er sich einen anderen Bahnsteig ausgedacht. Jeden Morgen und jeden Abend müssen Hunderte von Menschen durch einen winzigen Durchgang, um dann die Treppe zu den anderen Bahnsteigen zu erreichen. Geduldsübungen, mehrmals täglich, und das Erstaunliche ist, dass es tatsächlich klappt. Niemand murrt, kaum jemand drängelt. Man hat sich abgefunden.

Womit haben wir uns noch abgefunden, zu früh abgefunden vielleicht? Mit der Nachricht, dass es nun mal nicht anders geht, als dass manche Menschen Arbeit haben und andere eben nicht?

Dass es eben sehr Reiche und sehr Arme gibt in unserem Land? Dass wir eben doch nicht ändern können, wenn der Himmel durchlässig wird, weil wir seine Schutzhaut immer mehr zerstören und unsere gleich mit?

Damit, dass es eben keinen Gott gibt, der sich für uns interessiert?

Und wenn alles ganz anders ist? Wenn wir uns nicht abfänden und es doch einen Gott gäbe, der sich interessiert, der auf uns wartet und sich danach sehnt, dass wir nach IHM fragen? Was dann?

Dann beginnt ein Weg. Ein Abenteuer gewiss. Keine Abfindung. Etwas Neues.

In meiner Jugend gab es einen Spruch, der oft an den Autos klebte: Wo kämen wir wohl hin, wenn einer losginge und nachsähe, wo wir denn hinkämen, wenn wir losgingen?

Das war die etwas verworrene Antwort auf die damals noch hörbare Empörung, wenn einer mal etwas anders machte als alle anderen. »Ja, wo kommen wir denn hin, wenn das alle machen?« – Singen auf der Straße zum Beispiel. Jungs mit langen Haaren. Mädchen mit offenen Blusen. Dem Lehrer widersprechen und auch noch recht haben. Auf Bäume klettern, um eine Endlagerstätte für Atommüll zu verhindern. Auf der Straße sitzen, rauchen und Wein trinken. Nicht mehr in die Uni gehen wollen, sondern auch so glücklich sein können. Sich einen Aufnäher mit einem biblischen Spruch »Schwerter zu Pflugscharen« auf die Jacke nähen und riskieren, dass die Aufpasser der Gesellschaft den Aufnäher herausschneiden und ein Loch hinterlassen. Lauter solche Sachen also, die heute niemanden mehr aufregen würden. Im Gegenteil.

Und das ist das Problem: Die uns aufregen – inzwischen sind wir ja die Elterngeneration oder noch darüber hinaus –, sind ja nicht mehr die Langhaarigen und Friedensbewegten. Für wirkliche Bewegung sorgen vielmehr die, die den Frieden in der Welt verhindern und alle am liebsten außer Landes schaffen wollen, die anders denken als sie selbst. Aber wohin führt uns diese »Bewegung«, die sich tatsächlich »Bewegung« nennt, wie der neue US-Präsident kürzlich mitteilen ließ, der sich als Repräsentant einer Bewegung versteht. Wohin genau diese Bewegung sich bewegt, wird selten benannt. Und obwohl sie mittlerweile tatsächlich grenzüberschreitend wirksam zu sein scheint, sucht sie doch offenbar die Grenzen. Zwischen der jeweils eigenen Gruppe und allen, die anders sind.

»Denk ich an Deutschland in der Nacht, so bin ich um den Schlaf gebracht.« Heinrich Heine schrieb sich in dem Epos »Deutschland. Ein Wintermärchen« sein Leiden von der Seele und nach – historisch gesehen – sehr kurzem Frühling in der deutschen Geschichte wird es derzeit wieder empfindlich kühl.

Manchmal fürchte ich tatsächlich, dass noch mehr losgehen in diese rechte Richtung. Wie konnte das passieren in einem Volk und einer Welt, die doch so bitter lernen musste, wohin Nationalismus und Krieg führt?

Montagsgedanken in der S-Bahn. Was denkt ihr, die ihr da so geduldig die Treppe emporsteigt?

Dann endlich Ankunft in der Friedrichstraße. Hier soll ich heute eine Andacht in einem Hotel halten. Auf dem Bahnsteig spricht mich ein alter Mann leise an. Ob ich ein paar Cents habe. Niemand würde jetzt etwas wegwerfen, es sei zu kalt. Ich brauche einen Augenblick, bis ich verstehe. Er steht neben einem dieser dreifach sortieren, silbrig schimmernden Mülleimern. Restmüll, Papier, Plastik. Im Sommer finden sich viele Plastikflaschen in dem Plastikbehälter, im Winter sind es deutlich weniger. Wer will schon kaltes Wasser trinken bei Minusgraden? Dem Alten fehlen die paar Cents Pfand, die er sonst für jede weggeworfene Flasche bekommt. Wieso eigentlich »der Alte«? Ich schaue ihn genauer an. Das Gesicht ist verhärmt, die

Haare schmutzig und schütter, die Kleidung ist länger nicht gewaschen worden. Die Augen aber sind ganz klar. Der Blick ist vorsichtig, ein bisschen schüchtern. Einer, der das Armsein noch nicht gewöhnt ist. Er schaut mich unverwandt an – auch das ist besonders. Meistens schauen sie schnell weg, die etwas erbetteln. Das Schlimmste an der Armut ist die Scham darüber, arm zu sein –, hat mir mal einer gesagt, der es wissen muss. Armut wird immer noch wahrgenommen als Schuld. Als könnten wir uns rechtschaffen selbst bewahren vor dem Elend. Manche können das vielleicht. Viele nicht. Viele können gar nichts tun, als am Ende eben Plastikflaschen zu sammeln. Und es werden immer mehr und immer mehr solche, die sicher, ganz sicher nie gedacht hätten, dass sie eines Tages nach Plastikflaschen graben. Ich habe gehört, dass die Innenstadt inzwischen eingeteilt ist in »Plastikflaschenreviere«, organisiert von einer Art »Plastikflaschen-Mafia«. Die teilt ein, wer welchen Container leeren darf, dafür bekommt sie dann eine Schutzgebühr von dem oder der Plastikflaschensammlerin.

Der hier vor mir steht, gehört offenbar zu den Privilegierten. Der S-Bahnhof Friedrichsstraße gehört sicher zu den an Plastikflaschen reichsten Bahnhöfen ganz Berlins. Vielleicht ist er auch einfach nur mutig und wildert in fremden Mülltonnen. In jedem Fall ist er heute Morgen schlecht dran, denn es gibt keine einzige.

Ich gebe ihm mein Kleingeld, vermutlich im Wert von zehn Pfandflaschen, er bedankt sich höflich mit einer angedeuteten Verbeugung. Wie gesagt, er ist offenbar noch nicht lange auf der Straße.

Woran glaubst du, lieber Flaschensammler? Ich habe dich nicht gefragt. Stattdessen ergehe ich mich in frommen Gedanken: »Was ihr getan habt einem meiner geringsten Brüder, das habt ihr mir getan«, sagt Jesus im Matthäusevangelium. Das ist schön und vermutlich müsste ich mich jetzt gut fühlen. Eher ist es aber so, dass ich mit Jesus darüber weine, dass das so ist in unserer reichen Stadt –, dass alte Menschen Plastikflaschen sammeln müssen.

Ich gehe weiter zum hinteren Ausgang des Bahnhofs Richtung Reichstagsufer. Und höre schon von weitem die Klänge eines Akkordeons. Sie ist also wieder da. Sie ist immer da. Diese junge Frau, osteuropäisch? Warum weiß ich das nicht genauer? Warum frage ich sie nicht einfach, wo sie herkommt? Weil ich mich schäme, dass ich ihr etwas geben kann. Geben, aber nicht wirklich helfen kann. Denke ich jedenfalls. Oder helfen ihr die paar Euro am Tag doch? Und welchen Preis zahlt sie dafür? Die junge osteuropäische Frau sitzt also wie jeden Tag auf den dreckigen, zugigen, immerhin durch den Aufgang des S-Bahnhofs überdachten Treppen aus Beton. Heute ist es vor allem kalt, deshalb ist sie sehr dick eingepackt in Anoraks und Decken. Immerhin hat sie die, aber wie lange schützt auch die dickste »Verpackung« gegen stundenlange, kalte Zugluft? Sie sitzt also eingepackt und spielt Akkordeon. Unermüdlich. Ganz selten habe ich einmal gesehen, dass sie ein Brot aß. Auch ein Becher mit Kaffee stand einmal neben ihr. Ansonsten nur ein weißes Plastikgefäß, wie sie zur Suppenausgabe auf Festplätzen oder in Suppenküchen ausgegeben werden. Eine Suppen-Bettelschale also.

Klangschalen erfreuen sich nach wie vor großer Beliebtheit in »spirituellen« Kreisen. »Eingewandert« in die Meditationsecken und »Spirituellen Zentren«, in die Eine-Welt-Läden und auf die Krabbeltische esoterischer Buchläden sind sie ungefähr in den 80er- und 90er-Jahren. Ob es sie früher schon in Deutschland außerhalb der eigentlichen buddhistischen Tempel und Gebete gab, weiß ich nicht, aber sicher nicht in diesen Mengen.

Inzwischen sind Klangschalen nahezu allgegenwärtig, scheinen sich befreit zu haben aus dem Verdacht, Übermittler finsterer Mächte zu sein, wie einige aufrechte Christenmenschen argwöhnen.

Klangschalen finden sich in winziger Form vorzugsweise als Tischglocke oder so groß wie Kinderbadewannen in Massagestudios, die »Klangschalenmassagen« anbieten. Sie finden Verwendung in Kindergärten (»Wer kann am längsten den verklingenden Ton hören?« Und plötzlich werden die kleinen Krabbelkäfer ganz still und lauschen…) und jeder Art von Gruppenarbeit. Vielleicht weil sie inzwischen irgendwie schicker sind als Glocken oder die eigene Stimme, vielleicht auch, weil sie eben wirklich schön klingen. Ich habe selbst zwei davon zu Hause und schon mehrere verschenkt. Weiß also, wovon ich rede und nehme mich aus meiner leisen Ironie gar nicht heraus.

Wieso Ironie? Weil wohl kaum jemand von uns weiß, wo dieses hübsche, spirituelle Accessoire eigentlich herkommt. Es kommt aus den Händen der buddhistischen Bettelmönche, deren Schalen ganz gewiss nicht aus Silber und mit reicher Verzierung versehen waren, sondern eben aus einem einfachen Metall, zurechtgehämmert und an den Türen der Dorfbewohner vorgezeigt, damit die barmherzige Hausdame ihnen etwas einfülle. Reis, Brot, Früchte, Gemüse, manchmal, ganz selten, vielleicht ein Fetzen Hühnerfleisch. Alles durcheinander, manchmal auch schon älter, und älter beginnt in heißen Ländern sozusagen gleich nach dem Kochen. Wer Hunger hat, fragt nicht lang, und wenn die Bettelschale leer ist, wird sie ausgeleckt und ausgewaschen, falls es Wasser gibt und dann wird eben wieder gegen den metallenen Rand geschlagen, damit die Gebenden wissen, dass die Mönche kommen.

Klangschalen als Tischglocke. Gar nicht so falsch, nur ging es eigentlich nicht um den angenehmen Klang, sondern um den zu füllenden Leerraum in der Schale. Für den, der Hunger hat, ist nicht der helle Klang der Leere, sondern der satte Klang der Fülle eine Verheißung.

Vielleicht vergessen wir das so schnell, weil wir viel Fülle um uns haben. Wir inszenieren eine Ästhetik der Armut und der Leere. Wie klingt das für die, die gern etwas zu essen hätten, bevor sie sich schöne Gedanken machen können?

Die Plastikschale der Akkordeonspielerin klingt sowieso nicht, also braucht sie auch keine Angst vor Entfremdung zu haben. An den Hunger hat sie sich gewöhnt, so scheint es. Sie spielt einfach weiter. Ich muss sie unbedingt nach ihrem Namen fragen, wenn ich sie das nächste Mal sehe. Namen sind wichtig. Es ist nicht egal, ob ich von »der Frau« oder »der Akkordeonspielerin« schreibe oder von – Rosana, zum Beispiel. Vielleicht heißt sie so. Rosana. Bis ich es besser weiß, nenne ich dich so. Über diesen Gedanken erreiche ich mein Ziel, das Hotel.

Jede große Stadt lebt wohl auch von und mit den Kontrasten. Eben noch Rosanas leere Plastikschüssel, nun die Damen und Herren Hotelgäste am weißgedeckten Hotel-Frühstückstisch neben dem reichhaltigen Buffet. Verschiedene Brot- und Brötchensorten, Theken mit Käse, Schinken, Salaten, Marmeladen, Müslisorten, Obstkörbe. Kaffee, Tees, Fruchtsäfte, auch mal eine Sektflasche.

Der Frühstücksraum ist im Erdgeschoss, zur Straße hin offen einsehbar durch ein großes Schaufenster. Die Gäste wirken ernst, manche vielleicht auch ein wenig müde. Wer hier Quartier nimmt, ist in der Regel kein Urlaubsgast, sondern geschäftlich in der Mitte der Hauptstadt. Kongressteilnehmer, Delegierte verschiedener Organisationen, die zu Gesprächen in politischer oder wirtschaftlicher Verantwortung bestellt sind. Gut haben sie es hier und schön ist es zu sehen, dass es auch das gibt. Einen Augenblick Ruhe vom Mangel. Ich versuche nicht gleich wieder an den Flaschensammler und an Rosana zu denken.

Und doch: Was wäre, wenn beide hier mit an den Tischen säßen? Was würde sich ändern? Für die beiden, für die Gäste? Hätte deshalb einer der Gäste zu wenig? Nein, sicher nicht.

Sicher aber doch, wenn plötzlich ganz viele Flaschensammler und Akkordeonspielerinnen, ganz viele Obdachlose und Straßenmusiker dazu kämen.

Und es ist ja nun nicht so, dass es für sie nicht auch Frühstückstische gäbe. Es gibt, Gott sei Dank, in dieser Stadt viele Orte, an denen Menschen mit nichts als Flaschen und Plastikschalen Schlafmöglichkeiten und auch ein Frühstück bekommen, fast immer auch kostenlos oder für einen symbolischen Preis – der hat dann eher mit dem Erhalt der Würde der Bedürftigen zu tun als mit Kostendeckung.

Es ist tatsächlich nicht so, dass bei uns in Berlin jemand verhungern muss. Und auch, wenn auf den einfachen Tischen kein Lachs und vielleicht nur zwei statt sieben Brotsorten stehen, so ist es doch ausreichend. Gewiss. Es ist nur so, dass die Tische der Armen eben woanders stehen als die Tische der Wohlhabenden. Es ist eben nur so, dass man sich nicht sieht. Man kann sich weder hören noch fühlen. Auch riechen nicht, und das ist wohl auch beabsichtigt.

Und es ist auch verständlich. Die einen wie die anderen – die, die ohne Obdach sind und die, die sich auf einen anstrengenden Tag voller Gespräche und Entscheidungen vorbereiten, brauchen Orte des Rückzugs, der Ruhe – und dazu gehört ganz bestimmt auch, dass der eigene Ort dem Gewohnten entspricht. Anders gesagt: Jede Form von Anpassung an ein Unvertrautes ist auch anstrengend und Anstrengung ist nicht dasselbe wie Ruhe und Entspannung.

Das Problem beginnt dann, wenn wir einander nicht mehr wahrnehmen. Wenn die Plastikschalen-Besitzer und Flaschensammel-Künstler anfangen, neidisch zu werden auf die reichgedeckten Tische der anderen. Wenn die Hotel-Frühstückenden und Laptop-Arbeitenden (ich arbeite gerade an einem Laptop, weiß also sehr wohl, zu welcher Seite ich gehöre) anfangen, die obdachlosen Bahnhofsbewohner zu übersehen oder zu verachten. Beides: der Neid und die Verachtung sind giftige Früchte der Unkenntnis. Unkenntnis aber ist der Nährboden für die bequeme Haltung des Vorurteils.

Und beide: Unkenntnis und Vorurteil, lassen reichlich dunkle Fantasien gedeihen: »Denen fällt alles in den Schoß«, mögen die einen sagen. »Die fallen der Gesellschaft zur Last, weil sie keine Arbeit wollen«, sagen die anderen. Beides ist gefährlich falsch, weil es Neid, Verachtung, Hass, Abgrenzung erzeugt.

Ein einziges, aufrichtiges Gespräch mit Vertretern der einen und der anderen Gruppe würde beiden Seiten zeigen, wie unsinnig solche allgemeinen Unterstellungen und Vorurteile sind.

Kein einziger Obdach- oder Arbeitsloser hat sich, als er oder sie das erste Mal über den weiteren Verlauf des Lebens nachdachte, bewusst dafür entschieden, in dieser Mangelsituation zu leben. Nicht hier in Deutschland. Und keiner der Gäste in dem angenehm duftenden Frühstücksraum würde ernsthaft behaupten, dass ihm oder ihr alles zufiele. Bevor sie hier als Träger und Trägerinnen von Verantwortung sitzen, haben sie viel gearbeitet in ihrem Leben. Und sie haben nicht selten große Sorgen. Nur sind die unsichtbarer. Man müsste sich mehr begegnen. Miteinander sprechen.

Wie können wir die Tische zusammenrücken?

Einen solchen Verantwortungsträger treffe ich bei der Andacht. Wir sprechen über ein Wort aus dem Hebräerbrief, das an diesem Tag die Tageslosung ist. Das heißt, dieses Wort wurde tatsächlich ausgelost von der Herrnhuter Brüdergemeine und steht nun in ungezählten Kalendern und auf manchen frommen Bildschirmschonern, in Losungsbüchlein und Andachtsheften als Tagesbegleiter.

Ein schöner Gedanke: Inmitten von Twitter und Facebook, Instagram und WhatsApp gibt es ein leises, fast unsichtbares

Netzwerk, das hunderttausende Menschen miteinander verbindet: All die nämlich, die sich diese Tageslosungen als Wegbegleiter wählen. Sie wissen in der Regel voneinander wenig, außer dies: dass es sie gibt, die sich unter einen gemeinsamen Horizont, in eine gemeinsame Hoffnung stellen. Die Hoffnung, dass wir in dieser Welt nicht verloren sind – der Aufsichtsrat eines großen Finanzkonzerns nicht und Rosana auch nicht. Geliebt sind beide. Mag sein, dass das für Menschen schwer vorstellbar ist, für die Liebe selbst aber nicht, denn sie kann ja nicht anders, als nur lieben.

Diese Liebe nennen wir Gott. Das ist sein Name. Es gibt noch mehr Namen von Gott, vielleicht kommen wir noch darauf zu sprechen.

Sicher aber sprechen wir von der Hoffnung, auch der Hotelgast und ich sprechen davon, denn genau darum geht es in dem Losungswort für diesen Tag: *Lasst uns festhalten am Bekenntnis der Hoffnung und nicht wanken; denn ER ist treu, der sie verheißen hat.* (Hebr 10,23) So steht es geschrieben in einem Brief des Neuen Testaments von einem unbekannten Autor an eine kleine Gruppe von gläubigen Menschen – wenige Jahrzehnte nach dem Tod und der Auferstehung Jesu. Wir können auch sagen: wenige Jahrzehnte, nachdem sich der, auf dem alle Hoffnung ruhte, davongemacht hat in den Himmel oder in andere Gefilde, jedenfalls ausgesprochen unsichtbar und damit gänzlich unverfügbar wurde – Jesus.

Jesus. Den Namen kannten die Christen und Christinnen der zweiten und dritten Generation noch, er wurde tradiert und ist wesentlich für den christlichen Glauben.

Aber wie soll man hoffen auf einen, den man nicht sieht? Von dem man nichts spürt? Vor allem dann nicht, wenn man ihn braucht? Die ersten Christen waren damals in arger Bedrängnis, weil sie sich dem staatlich verordneten Glauben entzogen hatten und weil der Herr Jesus, von dem es doch hieß, dass er bald wiederkäme, um die Seinen zu retten, eben nicht wiederkam.

Was das Erste betrifft, haben wir heute zumindest in Deutschland andere Sorgen. Wir werden nicht bedroht, sondern wir werden einfach »abgewählt«. Kirche ist gut als Versorgungseinrichtung, wenn es um karitative und diakonische Hilfsangebote geht (zum Beispiel auch solche für Bruder Flaschensammler und Schwester Rosana), aber als geistige und geistliche Heimat ist sie zumindest in diesem Land so unpopulär wie vor der Ankunft der ersten christlichen Mönche im 6. Jahrhundert nach Christus.

Die zweite Sorge teilen wir Christen und Christinnen bis heute, immerhin knapp 2000 Jahre später. »Wo bleibst du, Trost der ganzen Welt?«, singen wir nicht nur in der Adventszeit, die diese inzwischen ziemlich ausdauernde Erwartung zum immer wiederkehrenden Topos erhoben hat. Wo bleibst du denn, wenn wir verzagen angesichts der realen oder gefühlten Nöte dieser Welt und unseres eigenen Lebens? Denn nur, weil in dieser Stadt jeder ein Frühstück bekommt, der es braucht, mit oder ohne Champagner, heißt das ja nicht, dass Menschen keine existenziellen Sorgen haben. Die Menschen in der Suppenküche ebenso wie die im Hotel. Und wo, noch schlimmer wohl, bleibst du angesichts der sterbenden Flüchtlinge, der Bomben in Syrien, der Hungerkatastrophe in Afrika, der menschenverachtenden Versklavung von Osteuropäerinnen (ob Rosana am Ende das bessere Teil gewählt hat?), der verendenden Hühner in den Legebatterien, der Tsunamiwarnungen auf den Philippinen und, und, und…

Wir kommen in Erklärungsnot, nicht nur gegenüber denen, die dankbar jedes Argument aufgreifen, um die Nicht-Existenz eines persönlichen Gottes – eines Gottes, der uns sieht – vermeintlich zu beweisen. Wir kommen auch in Erklärungsnot gegenüber unseren eigenen Glaubensgeschwistern, manchmal gegenüber dem eigenen bangen Herzen. Es ist schwer zu hoffen, wenn alles, oder doch so vieles, dagegen spricht.

Und nun heute also dieses Wort aus dem Hebräerbrief: *Lasst uns festhalten am Bekenntnis der Hoffnung und nicht wanken; denn ER ist treu, der sie verheißen hat.* (Hebr 10,23) Der einzige Teilnehmer der Andacht, jener Delegierte, der am selben Tag noch als wissenschaftlicher Berater einem Treffen zwischen Regierungsvertretern und einer hochrangigen Umweltschutzorganisation teilnehmen wird, bezieht das Wort sofort auf die bevorstehende Begegnung: »Hoffnung festhalten? Wie denn? Wir haben doch gar keine Chance. Nicht weil die anderen unsere wissenschaftlichen Ergebnisse nicht ernst nähmen – sie wissen ja, dass wir recht haben mit unseren Sorgen. Aber ihre eigenen Sorgen sind ihnen wichtiger. Und sie haben die Macht, die politische und die ökonomische.«

Das ist das Problem. Es geht schon lange nicht mehr um Information. Auch nicht um den Streit, um die besseren Argumente. Auch nicht darum, sich gegenseitig von der je eigenen Wahrnehmung überzeugen zu wollen in der Hoffnung, eine Einigung zu erzielen. Denn alle Argumente, die die gut vorbereiteten Umweltschützer mitbringen, werden von den Ökonomen und Finanziers gar nicht abgestritten. Salopp gesagt: Sie wissen auch, dass die Welt untergehen könnte. Aber vorher müssen wir noch Geld verdienen.

Oder noch einfacher: Nach mir die Sintflut. Aber eben erst nach mir, denn das sagen die ehrlichen Wissenschaftler ja auch, dass der zu erwartende Untergang sich noch über ein paar Generationen hinziehen wird. Bis dahin kann man sich absichern. Es soll ja bald Häuser auf dem Mond geben. Oder so.

Der Mann vor mir in der Kapelle – ein erfahrener, älterer Herr, kein jugendlicher Heißsporn – wirkt keineswegs resigniert. Er sagt nur, wie es ist.

Worauf hoffen wir also noch? Welche Hoffnung sollen wir angesichts dieser Verhärtungen denn festhalten?

Soll ich wirklich schreiben, was ich denke? Werde ich nicht ausgelacht von den Leserinnen und Lesern dieses Buches?

Nun, vielleicht. Aber das werde ich riskieren. Es sind ja schon mehr Bücher verspottet worden, weil sie vom Glauben sprachen. Ja, ich glaube tatsächlich, dass wir die Hoffnung auf den lebendigen Gott festhalten sollen. Schon allein deshalb, weil ich jedenfalls nur IHM zutraue, unsere harten Menschenherzen anzurühren und zu befreien von Angst, Häme, Gleichgültigkeit, Gier und Neid. Weil ich tatsächlich nur IHM zutraue, unsere Welt zu retten, allein deshalb, weil es uns Menschen immer noch gibt. Würde da nicht ein großes Erbarmen über uns walten, hätten wir unsere Selbstvernichtung vielleicht schon viel früher vollendet.

Aber es muss da jemand sein, der uns will, trotz allem, uns nicht verlässt, uns als Gesamtes immer wieder vor dem Schlimmsten bewahrt. Oh, ganz sicher nicht die Einzelnen, ich höre die empörten Widersprüche. Nein, die verbrannten Kinder in Syrien und Auschwitz, die verendeten Mütter in Afrika, die zerfetzten Väter in Vietnam, die sterbenden Wälder in Kanada und Israel/Palästina, die ausgerotteten Fische in der Nordsee und das ganze unfassbare Elend der Welt ist nicht bewahrt worden vor dem Schlimmsten. Und kein einziges Lebewesen, das durch Gewalt, Terror und Missachtung vernichtet wurde, ist zu rechtfertigen mit frommen Worten.

Und wir werden die Frage nach dem »Warum« nicht umgehen können, auch diesmal wieder nicht. Sie wird in diesem Buch noch eine Rolle spielen. Als Menschen insgesamt und als Schöpfung gibt es uns ja noch. Das allein ist erstaunlich, gerade wegen der zerstörerischen Kraft, die uns innewohnt. Da muss eine noch größere Kraft, ein noch größeres Erbarmen wirken.

Der »Erbarmende« ist auch ein Name für Gott, und das nicht nur im Christentum. Wir sind uns sehr ähnlich mit unseren Namen gewordenen Hoffnungen in den verschiedenen Glaubenswegen. Das könnte eine Chance sein. Eine Hoffnung.

Der Andachtsbesucher und ich versprechen uns, hin und wieder aneinander zu denken, wenn wir in Gefahr sind, die Hoffnung aufzugeben. Das tue ich hiermit, lieber unbekannter Bruder.

Als ich das Hotel wieder verlasse und zum Bahnhof zurückgehe, höre ich sie von Weitem spielen: Rosana. Ja, lass uns festhalten an der Hoffnung. Du mit deinem Akkordeon und ich mit meinen vielen Fragen. Welche Farbe hat der Klang eines Akkordeons? Vielleicht ein helles Rot? So webe ich für dich einen roten Faden in diesen Buch-Text-Textil-Teppich. Und einen blauen für dich, lieber Flaschensammler. Und einen grünen für dich, lieber Hotelgast. Für die Hoffnung.

West-östlicher Divan

»Wer sich selbst und andere kennt,
Wird auch hier erkennen:
Orient und Okzident
Sind nicht mehr zu trennen.«
Johann Wolfgang von Goethe im »West-östlichen Divan«

Diese Stadt und dieses Buch weben sich bis in meine Träume.

Auch zu bedenken: Träume selbst sind eine weitere Farbe im Gewebe des Teppichs, der hier entsteht, also sollen sie sichtbar werden – jedenfalls wenn sie so seltsam sprechend sind wie der der vergangenen Nacht.

Da stand ich in einer der geliebten Berliner Altbauhäuser-Straßen. Pankow vielleicht, der Prenzlauer Berg ist inzwischen zu schick geworden. Dort, im Prenzlauer Berg, wohnen heute, oft aus dem Schwäbischen eingewandert, viele junge, meist gebildete und bio-ökologisch bewusst lebende Familien, deren Kinder erst Sarah und Jakob, dann Finn oder Lynn hießen und nun, seit ganz Neuem, gern auch Thore und Hedda. Nach den biblischen Namen kehren wir zurück zum neuen, alten Germanentum und das klingt ja manchmal auch schön – wenn es denn bei den Namen bleibt.

Nein, der Prenzlauer Berg war es nicht in meinem Traum, doch eher Pankow.

Ein altes, brüchiges, etwas verkommenes Haus aus der Gründerzeit in einer dunklen, schmuddeligen Straße mit dem charakteristischen Pflaster auf den Bürgersteigen: Quergelegte, rechteckige, gelblichgraue, seitlich etwas abgerundete Steinblöcke bedecken die Mitte des Gehwegs, rechts und links davon kleine, quadratische Pflastersteine. Die man gut herausreißen kann, um zu schauen, ob darunter nicht der Strand liegt. Aber das haben wir früher gesungen, sehr viel früher und die Gruppe

»Schneewittchen« hat es uns in den späten 70er-Jahren gelehrt: »Unter dem Pflaster, ja da liegt der Strand – komm, reiß auch du ein paar Steine aus dem Sand.« So sangen wir mutig und zugleich ordentlich weltschmerzig dieses Lied in abendlichen Runden im westlichen Pendant zu Pankow, also in Kreuzberg oder Neukölln. Oder wir sangen es laut und schmetternd bei den Demonstrationen gegen die Räumung der besetzten Häuser und für den Weltfrieden. Es war ein gutes Lied und ist es noch. Noch kein bisschen veraltet. Nur singen wir eben nicht mehr, wir sollten damit wieder beginnen.

Da also ging ich und dann stand ich da in meinem Traum unter einem Fenster im Erdgeschoss des Hauses, aus dem sich ebenfalls zumindest früher gern ältere Damen auf einem Kissen hinausgelehnt haben, um das Treiben der engen kleinen Straße zu kommentieren.

In meinem Traum aber ging das Fenster plötzlich auf und ein sehr hochrangiger deutscher Politiker mit Ostbiografie – dessen Namen ich verschweige, weil ich absolut nicht weiß, was der in meinem Traum zu suchen hat – ließ eine riesige, weiße Stoffbahn herausgleiten, während er, der über mir in der Wohnung stand, den Stoff an zwei Zipfeln festhielt. Ich konnte erkennen, dass auf dem weißen Stoff ebenfalls überdimensional groß in rot, schwarz und blau das bekannte Zeichen »Schwerter zu Pflugscharen« abgebildet war, das sich aber noch nicht voll entfalten konnte, weil sich der Stoff in seinen unübersichtlichen Ausmaßen auf der Straße zusammenknäulte. Also hob ich das andere Ende auf und stellte fest, dass an diesem Ende ein Reißverschluss zwei Teile zusammenhielt. Als ich gerade versuchen wollte, den Reißverschluss zu öffnen, um zu schauen, was wohl noch zum Vorschein käme, hob besagter Politiker in altväterlich-herablassender Manier an, mir das Prinzip dieses Reißverschlusses erklären zu wollen. Daraufhin fuhr ich ihn an – tatsächlich etwas übertrieben scharf – mit den Worten: »Bildet euch doch nicht immer ein, dass ihr die Einzigen wart, die wussten, wie das geht! Wir haben auch dafür gekämpft!«

Das war alles, dann erwachte ich und war noch immer sehr zornig auf den belehrenden, selbstgefälligen Ton des Mannes, aber auch zornig und traurig über eine Geschichte, die so gut angefangen hatte und nicht so gut zu Ende ging.

Welche Geschichte? Welche inneren und äußeren Linien, Verschreibungen, Verhakungen zeigen sich denn da? Und hat das Ganze mit diesem Buch hier zu tun? Ist dieser Traum »mittendrin« von irgendetwas?

Doch, ich glaube schon.

Ich begegne heute gerade auch in der Kirche immer noch vielen Menschen, die mit einem gewissen Stolz davon erzählen, wie sie sich das »Schwerter zu Pflugscharen«- Zeichen schon als Schülerinnen und Schüler in der DDR auf die ebenfalls als Statussymbol zu wertenden Parka genäht haben, obwohl sie doch wussten, dass auch diese Art der schweigend-friedlichen Friedenskundgebung nicht gelitten und mit dem gewaltsamen Entfernen des Symbols bestraft wurde. So wurde schließlich das Loch im Parka fast zur Siegespalme, denn das Zeichen selbst brauchte es dann nicht mehr. Das Nichts als Bekenntnis, wenn anderes nicht erlaubt ist.

Dieselben Menschen berichten dann davon, wie sie – gerade als Menschen der Kirche – mit den weißen Kerzen demonstriert haben und letztlich, so wird in vielleicht etwas historisch geraffter und vielleicht dadurch auch in historisch-verkürzter Form überliefert, die friedliche Revolution ermöglicht haben.

Dieser Ruhm soll ihnen, den Zeichen- und Kerzentragenden unbedingt erhalten bleiben und ist aller Ehre wert und die Geschichtsschreibung wird schon ergänzen, wer vielleicht noch alles dazu beitrug, dass der 9. November 1989 tatsächlich friedlich zu Ende ging und der 10. November einen neuen Anfang darstellte. Gott sei Dank. Soweit ist mein Traum ganz realistisch. Ein kirchlicher, ostdeutscher Politiker entrollt das Friedenszeichen.

Woher dann aber der Zorn in meinem Traum? Wieso muss ich denn den armen Mann so anfahren, der mir doch gar nichts getan hat? Oder hat er doch?

Wer oder was in mir – und vielleicht nicht nur in mir – ist denn hier zu kurz gekommen?

Vielleicht ist es nur die Trauer darüber, dass die vielen Zeichenbekenner und Kerzenträger zwar mit Freude in der dann vereinten (ich schreibe mal: »vereint«. Ob sie wirklich eine »vereinigte«, eine zusammengewachsene ist, wage ich noch nicht zu behaupten) Republik leben und manchmal auch zu erheblichem politischem Einfluss gekommen sind, aber dass sich viele dieser wackeren Kerzenträger eben auch ganz schnell aus den Kirchen verabschiedet haben, kaum, dass sie die Gemeinden als Schutzraum nicht mehr brauchten.

Die Zahl der Kirchenaustritte in der Evangelischen Kirche stieg von 1990 bis 1992 sprunghaft auf über das Doppelte des »Durchschnittswertes« (von 150 000 auf über 350 000 Personen). Da man davon ausgehen kann, dass das nicht die Christen und Christinnen in Bayern und Württemberg waren, die nach der Grenzöffnung flugs ihre Kirche verlassen haben, muss ich vermuten und weiß es auch, dass eine große Zahl der ohnehin nicht übermäßig zahlreich vertretenen DDR-Christen aus den Kirchen ausgetreten sind, auf deren Schutz sie eben noch so gehofft haben. Auf Nachfrage höre ich dann als Begründung immer wieder: Na, wegen der Kirchensteuer.

Stimmt. Die gab es in der DDR nicht und über das System der Kirchensteuer kann und soll man trefflich streiten.

Aber kann das wirklich ein Grund sein, eine geistliche Heimat zu verlassen, wenn es denn eine war? Dieser Grund erschien mir damals wie heute schwer nachvollziehbar, zumal Menschen in bedrängten finanziellen Verhältnissen sowieso keine Kirchensteuer zahlen müssen – und alle anderen nur einen so kleinen Teil ihrer Lohnsteuer, dass dieselbe Summe in der Regel für Vergnügungen aller Art ohne Weiteres verschmerzt wird.

Aber Kirche ist eben kein Vergnügen. Offensichtlich. Und was keinen Spaß macht, wollen wir nicht. Ist es das?

Warum seid ihr gegangen, ihr mutigen Christen?

Wo seid ihr jetzt, ihr Revolutionäre mit den weißen Kerzen?

Glaubt ihr ernsthaft, dass diese Revolution vollendet ist? Und glaubt ihr das immer noch, auch jetzt nach 27 Jahren? Meint Ihr wirklich, ihr und wir alle sind jetzt irgendwie »fertig« mit dem Friedensreich Gottes?

Und da begegne ich dem Zorn aus meinem Traum wieder.

Es war dieser selbstgerechte Ton des Mannes am Fenster, der andeutete, dass er der sei, der alles vollbracht hat. Hat er nicht. Wir alle nicht.

Auch wir im Westen der Hauptstadt haben schon damals als Minderheit unter dem Friedenszeichen für den Frieden in der Welt gebetet, gehofft, geglaubt. Auch wir hatten die weiße Fahne mit dem großen Schmied und dem Wort des Propheten Micha in unseren Kirchen und auf unseren Jacken. Stimmt, wir mussten nicht fürchten, dass deswegen unsere Jacken zerschnitten wurden. Aber wir haben schon damals erlebt, was wir heute mit euch, ihr lieben Geschwister aus dem Osten gemeinsam erleben müssen: Dass wir immer wieder scheitern. Dass es nicht wichtig ist, was wir sagen und denken, dass es so vielen Menschen, erst recht aber denen, die den Frieden nicht wollen, völlig egal ist, was wir sagen. Und dass es diese Menschen sind, die bis heute Schlüsselpositionen und der Politik, der Wirtschaft, wahrscheinlich inzwischen auch wieder der Kultur, haben. Gleichgültigkeit ist, so glaube ich, für die Wirkung unserer Worte tödlicher als offener Widerstand, denn Widerstand kann das Wort entflammen und wie eine Fackel weitertragen, Gleichgültigkeit aber erstickt es.

Das Wort vom Frieden, der aus der Liebe Gottes lebt.

Das Wort vom Frieden, das aus dem Evangelium in die Welt hineinspricht und sich hineinruft in Krieg, Terror, Unterdrückung.

Das Wort vom Frieden, das die Gerechtigkeit hervorbringt. Die Gerechtigkeit des Lebens, nicht des Todes.

Elie Wiesel hat gesagt: Das Gegenteil von Liebe ist nicht Hass, sondern, Gleichgültigkeit.

Habt ihr, haben wir alle, unsere Kirchen nicht geliebt?

Was für eine Frage.

Wie kann man ernsthaft behaupten, diese Kirche, die doch nur eine real existierende und zuweilen erschütternd bürokratische, enge und auch selbstgenügsame Institution ist, wie kann man diese Institution lieben?

Muss man nicht. Aber die Idee dahinter. Den Glauben dahinter. Die Kraft dahinter, die nicht von uns gebrechlichen Menschen und erst recht gebrechlichen Christinnen und Christen kommt, sondern von dem, der Friedensmenschen um sich herum sammeln wollte. Der gesagt hat, dass ER in geistlich-lebendiger Weise in der Gemeinde dieser Friedensmenschen gegenwärtig mit uns unterwegs sein will und sein wird.

Oh, er, der das wollte, Jesus Christus also, hat nichts von Konfessionen und Domen gesagt, nichts von Ämtern und Steuern, bestimmt gar nichts von Ausschluss, Inquisition und Bevormundung. Nichts davon hat er gesagt, das ist unser Menschenwerk.

Aber von seiner Gemeinde hat er geredet, der einfachen, schlichten, aber bewegten und begeisterten Gemeinde, die eine Sehnsucht hat und eine Hoffnung, die Leid und Schmerz miteinander teilt, die weiß, dass sie sich allein IHM, dem Lebendigen verdankt und aus IHM und nur aus IHM lebt.

Das hat er gesagt.

Und daran glaube ich. Und jede Idee und jede geistliche Kraft wird gebrochen, wenn wir als Menschen sie in dieser Welt zu leben versuchen. Das hat er, Jesus Christus, am eigenen Leib erlebt – und hat sich dem nicht entzogen.

Deshalb entziehe ich mich auch nicht dieser Kirche, auch wenn mir unsere (unsere, nicht ihre!) Unzulänglichkeiten oft noch ganz andere Zornesflammen ins Gesicht treiben.

Aber, bleiben wir ehrlich, wir sind Teil der Kirche und also auch Teil der Unzulänglichkeit.

Wir können es nur gemeinsam verändern, was zu verändern wäre, immer wieder, und wir sollten zu allererst bei uns selbst anfangen.

Ja, ihr wart großartig, liebe Christengeschwister im Osten. Aber nun lasst uns bitte, bitte nicht stehen bleiben und ausruhen auf den revolutionären Belobigungen, sondern lasst uns miteinander aushalten und streiten in einer Umwelt, die von uns so oft nicht nichts mehr weiß. Ja, lasst uns gemeinsam die Fahnen und die Aufnäher hervorholen, es ist doch wieder ganz hohe Zeit!

Und das müssen wir tun, die wir »ganz unten« auf der Straße stehen, und wir sollten nicht auf die warten, die uns dafür eine Erlaubnis oder eine höhere Weihe zusprechen.

Vor IHM sind wir alle Prophetinnen und Propheten, wie es Micha war. Und wir haben einen gemeinsamen Auftrag, für den Frieden in dieser Welt zu sprechen, zu beten, zu streiten, zu glauben.

Für diesen Frieden, der miteinander möglich ist – niemals gegeneinander.

Komm, lieber älterer Bruder am Fenster, nimm deine Fahne mit und geh mit uns auf die Straße! Die Revolution, die ihr begonnen habt, die geht weiter, wenn wir uns ihr nicht entziehen. Denn das Wort Revolution bedeutet auch Umkehr, und genau darum geht es: dass wir miteinander umkehren zum Leben, zum Frieden und zu unserer Sehnsucht nach einer Welt, die allen Geschöpfen ein Leben ermöglicht.

III.

Liebe wagen

»Die Menschen haben so viel Liebe«, sagt die ausgesprochen sympathische Stimme im Radio. Ach ja. Ist das so? Sieh mal an!

Während diese schmallippigen, ätzenden Kommentare durch meine Gedanken ziehen, wird mein Herz warm und ich kann es nicht verhindern. Will es ja auch gar nicht.

Ein Aufatmen geht durch mich hindurch und ich lausche entspannt dieser Stimme, die lauter Sachen sagt, die ich gut finde. Richtig gut. In der Stimme höre ich so etwas wie eine verwandte Seele.

Ich fahre gerade mit dem Auto von der Gemeinde, in der ich heute Morgen, am 2. Advent, gepredigt habe, zu mir nach Hause am anderen Ende der Stadt. Einmal um die halbe Stadt herum, vom nördlichsten Norden bis in den südlichsten Osten – aber immer noch sind wir in Berlin.

Berlin ist nicht »eine Stadt«, Berlin ist viele Städte, in jedem Bezirk sind mehrere Dörfer und noch ein paar drumherum. In Berlin ist es nichts Besonders, eine Stunde und länger bis zum eigenen Arbeitsplatz zu fahren. In anderen Gegenden wäre das sozusagen eine Reise in eine ganz andere Stadt und die so Reisenden wären eben Pendler. Wir pendeln nicht, wir bleiben immer zu Hause. Nur ist unser Zuhause eben größer.

»Die Menschen haben so viel Liebe.«

Die Stimme, die das so einfach dahinsagt und ebenso schnell meinen spöttischen Widerspruch zum Schweigen bringt wie sie meine große Zustimmung hervorlockt, ist eine junge Pfarrerin in Westfalen. Sie heißt Katrin Berger, sagt die Journalistin, die die Stimme interviewt. Der Radiosender »Deutschlandradio Kultur« strahlt heute eine Reportage aus, in der diese junge Pfarrerin Berger auf ihren Wegen durch einen ganz alltäglichen Tag begleitet wurde. Das allein ist ja schon mal schön. Über eine Stunde das Leben einer jungen Pfarrerin im Radio. Noch schöner ist, was die junge Frau sagt und wie sie es sagt. So freimütig, ohne beliebig zu wirken. Beliebigkeit ist das Gegenteil von Freimut, denn für Beliebigkeit braucht es in unserer Zeit keinen Mut mehr. Für das freie Bekenntnis des eigenen Glaubens, noch dazu, wenn es der christliche ist, braucht es diesen Mut aber schon und dazu die große Freiheit, sich von Spott und Gleichgültigkeit nicht einschüchtern zu lassen.

Freimütig wirkt sie, die junge westfälische Schwester im Glauben, und nachdenklich. Fröhlich ohne die manchmal etwas zu laute »Jesus hat uns alle lieb – gute Laune«, die manchmal in sehr frommen christlichen Kreisen auf mich eher beklemmend als befreiend wirkt. Katrin Berger wirkt fromm, ohne frömmlerisch zu sein und sehr weitherzig, ohne ihre Mitte zu verlieren. Und sie wirkt, und das ist es, was mich wirklich anrührt, liebevoll. So liebevoll, dass sie in den Menschen, die sie umgeben, Liebe sehen und fühlen und diese hervorlocken kann. Das ist wohl die schönste Gabe, die ein Mensch, erst recht ein Mensch mit der Berufung, Pfarrerin zu sein, haben kann.

Also, liebe Pfarrerin Katrin Berger, sollten Sie diese Zeilen jemals lesen, dann nehmen Sie sie als Dank für Ihre Worte, Ihren Dienst und Ihren Mut. Mögen Sie sich diese Liebe bewahren und gewiss sein, dass Sie von derselben Liebe umfangen werden.

Während ich so in einen inneren Dialog mit der Radiostimme trete, fahre ich weiter zurück nach Hause. Der Weg führt mich vorbei – naja, nicht ganz, wieder kann ich nicht umhin, einen kleinen Abstecher zu machen – am Krankenhaus Buch.

Dieses Krankenhaus hat eine sehr lange Geschichte und die gut erhaltenen, giebelverzierten und rotverklinkerten Häuser der Klinik zeugen davon. Schön sehen sie aus und viel lieber sähe ich eine Rehaklinik darin als ein richtiges Krankenhaus, denn dann könnten die Patienten die schöne Anlage vielleicht besser genießen. So aber liegen oder sitzen die meisten wohl in ihren Zimmern und das sind – verklinkert oder nicht – eben Krankenzimmer. Auch wenn die inzwischen einen Fernseher und vielleicht nur drei oder höchstes vier Betten beherbergen. Genau weiß ich es nicht, ich war ja in keinem dieser Zimmer. Denn ich habe hier ja eigentlich niemanden zu besuchen. Jedenfalls niemanden, der heute hier noch lebt.

Ich habe hier nur eine Tote zu besuchen. Meine Oma ist hier gestorben, irgendwo in diesen Häusern. Ich kann nicht mehr sagen, welches es war, und die junge Ärztin, die ich frage, ob die geriatrische Station vor 24 Jahren schon in demselben Haus war wie heute, kann es mir nicht sagen. Sie glaubt es aber nicht, denn das ganze Haus sei ja in den letzten Jahren mehrmals umgebaut und ganz neu eröffnet worden.

Mich berührt auch diese Nachricht seltsam, es liegt wohl an dieser ohnehin so weichgestimmten Adventszeit, in der wir uns gerade befinden. Das ganze Haus also wurde mehrmals umgebaut. Klingt wie »um- und umgepflügt« und meine Erinnerungen – eigentlich sind es ja nur zwei – sind untergepflügt unter die Zeitläufe, bleiben aber dennoch kantig in meinem Gedächtnis wie spitze Steine, die den Pflug behindern, der sie wegpflügen will.

Das erste Bild: Meine Oma, die, seit ich sie kannte, eine füllige, gern redende, vielleicht sogar etwas laute Frau war, sitzt dünn wie ein Vögelchen in einem Bett. Saß sie wirklich? Oder ist das schon hinzugedichtet? Sitzt also auf einem von mindestens zehn oder zwölf anderen Betten, die alle in einem großen Saal standen und aus denen es wimmerte und greinte und jammerte und schnarchte oder es einfach nur apathisch guckte. Schlafsaal für alte Frauen, bei denen nichts mehr gemacht wurde, Anfang der 90er-Jahre, gleich nach der Wende. So war das damals. Und Oma jammert auch und ich weiß nicht mehr, was sie gesagt hat. Das ist das Schlimmste, dass ich nicht mehr weiß, was sie als Letztes zu mir gesagt hat. Ich wollte damals nur weg, wollte nur raus aus diesem elenden Saal, hatte solches im damaligen Westberlin nie erlebt. Aber hier befanden wir uns kurz nach der Wende eben in einem Ostberliner Krankenhaus auf der Station für alte, hoffnungslose Fälle. Und obwohl die Ostberliner Medizin damals vorbildlich war – ich war damals Schwesternschülerin in Westberlin, bei einem Besuch in der immer noch Ostberliner Charité konnte ich nur staunen –, so war es die Unterbringung der alten Frauen eben nicht. Das war schlimmer, als ich für möglich gehalten hätte. Solches gab es nur in Filmen, die mindestens hundert Jahre alt waren. Vielleicht war ich damals zu jung. Zu wenig vorbereitet darauf, wie Menschen eben auch sterben konnten im Berlin der noch frühen 90er-Jahre.

Nächstes Bild: Meine Mutter und ich stehen oder gehen auf dem Weg vor diesen Häusern, offenbar direkt nach dieser Begegnung im vollen Krankenzimmer, die keine war. Vermutlich war es derselbe Tag, denn ich glaube nicht, dass ich zweimal dort war. Meine Mutter und ich also. Was haben wir geredet? Es war doch ihre Mutter, die wir besucht haben. Aber auch diese beiden hatten ein tragisches Leben miteinander. Wieso auch? Damit ist doch schon alles gesagt. Diese beiden auch. Jedenfalls wollte auch Mutter einfach nur weg. Das weiß ich noch.

Irgendwann, ein paar Wochen später, ich war schon wieder weit, viel zu weit weg, kam dann die Nachricht, dass Oma gestorben ist. Na, Gott sei Dank, dachte ich damals. Heute denke ich: Wäre ich doch noch mal dort gewesen. Wüsste ich doch nur, was sie gesagt hat. Wäre sie doch nur nicht so allein gewesen.

Da sind wir, da bin ich schuldig geworden. Und das ist so und muss man nicht wegreden. Deshalb wohl zieht es mich immer wieder dorthin. Als wollte ich etwas gutmachen, was nicht gut zu machen ist. Oder nur im Himmel, denn dass Oma im Himmel ist, glaube ich kindlich gewiss – auch wenn ich sehr wohl weiß, dass sie erst eine hochdekorierte Nazisse und dann eine leidenschaftliche Kommunistin war. Sie war eine sehr intelligente Frau, die ihre Irrtümer hätte einsehen können. Immer wieder.

Heute also, 24 Jahre später, stehe ich auf demselben Weg vor denselben Häusern. Hier haben wir uns zum letzten Mal zu dritt gesehen. Meine Oma, ihre Tochter – meine Mutter also – und ich, ihre Enkelin.

»Die Menschen haben so viel Liebe.« Sagt Katrin Berger im Radio und mir schießen fast die Tränen in die Augen. Aber ich muss Auto fahren, also jetzt nur nicht rührselig werden.

Kein Satz scheint weniger in meine Krankenhaus-Buch-Erinnerungen zu passen und ich wünschte, ich könnte die Zeit zurückdrehen und zugleich mit der heutigen verbinden. Und ich wünschte, jemand wie Katrin Berger wäre zum Beispiel als Seelsorgerin auf dieser Geriatrie von damals gewesen und hätte uns drei – Oma, Mutter, Tochter – an die Hand genommen und unsere Liebe zueinander befreit.

Aber so war es nicht.

Bei uns war eher Krieg. Ein versteckter Krieg. So eine Art Kalter Krieg, außen sowieso in den 60er- und 70er-Jahren, innen auch. Ein ziemlich kalter Kalter Krieg.

Vielleicht geht so etwas auch nachträglich, so eine wärmende Versöhnung? So eine Befreiung zur Liebe, die uns allen so gut tun würde, uns allen Enkelinnen und Töchtern und Müttern und Omas und Opas und Söhnen und Enkeln und all den Urenkeln, die nch kommen?

Können wir nicht einfach in Liebe leben, auch »Generationen übergreifend«? Anderen Menschen würde ich genauso etwas sagen. Würde sagen: Versöhnen Sie sich mit ihrer Mutter und mit Ihrer Oma. Lieben Sie doch einfach – unabhängig von Zeit und Raum und Vergangenheit und Zukunft. Und ohne darauf zu bestehen, wiedergeliebt zu werden. Lassen Sie sich doch einfach lieben – wie schön zweiseitig ist diese Formulierung. Lassen Sie sich lieben von der Liebe und lassen Sie es zu, dass Liebe in Ihnen lebt. Liebe ist überzeitlich und allgegenwärtig und nicht gebunden an Leben oder Tod. Liebe lebt, immer. Vielleicht sollte ich einfach selbst glauben, was ich anderen Menschen sagen würde. Sollte einfach selber lieben. Heute für damals.

Lassen Sie sich lieben auch in Zeiten des Krieges und der Finsternis. Aber so einfach ist das ja nicht, denn Krieg – innerer und äußerer – kann die Liebe erkalten lassen. Kalt gewordene Liebe erzeugt Misstrauen, Missgunst. Neid. Spitze Pfeile und man weiß ja, wo sie treffen müssen, um wirklich weh zu tun. Niemand kann sich so wirksam bekriegen wie zwei, die sich vorher geliebt haben. Denn man kennt seine Schwachstellen.

So ist mancher Krieg aus verletzter Liebe hervorgegangen. Das alte und ein wenig verharmlosende Wort »Rosenkrieg« lässt so etwas erahnen, aber die Spuren mögen viel weiter reichen – hinein in die Familien, hinein in die Völker.

Bei meiner Oma jedenfalls mag es so gewesen sein. Sie hat viel Krieg erfahren, ganz äußerlich und buchstäblich. Sie hat ganz sicher versucht, zu lieben – als Kind gewiss, als Frau bestimmt, als Oma uns, die Enkel, das weiß ich. Ob sie ihre eigenen Kinder auch geliebt hat, so lieben konnte, dass diese sich auch geliebt fühlten, weiß ich nicht so sicher. Meine Mutter hat nicht viel erzählt von einer liebenden Mutter. Eher von einer Mutter, die sich vergraben hat hinter Büchern und ihrer Tochter die Putzarbeit überlassen hat. Dass ich heute Putzen hasse und Bücher liebe, mag ein Erbe sein. Vielleicht ist es ganz gut, dass ich keine Tochter habe.

Und sie, meine Mutter selbst? Auch sie hat sich bemüht, zu lieben.

Sie hat es nicht gelernt, glaube ich. Wie so viele, ungezählt viele Menschen ihrer Generation, deren Kindheit und frühe

Jugend zerstört wurden von Krieg und Flucht und Trauma bis zuletzt, haben es einfach nicht gelernt zu lieben. Sie wussten, dass sie lieb sein »mussten« – das wurde von jungen Frauen in den 50er-Jahren allemal erwartet und die Erkenntnis, dass Mutterliebe eben nicht selbstverständlich ist, wäre damals nie möglich gewesen. Also hat sie sich angestrengt, lieb zu sein. Dafür allein kann ich sie lieben. Dass sie es versucht hat, oft weit über ihre Kräfte hinaus.

Wer lehrt uns zu lieben, wenn die Eltern es nicht vermögen? Es gibt oft, Gott sei Dank, andere Menschen an unserem Weg, von denen wir Liebe lernen können: Lehrerinnen, Erzieher, die Eltern der besten Freundin, manchmal sogar ein Hund oder eine Katze oder ein Hamster oder eine Maus.

Warum nicht? Ich habe meine Hamster als Kind und meinen Hund als junges Mädchen sehr geliebt und von ihnen, besonders von der kleinen Hündin meiner Jugend, alles gelernt über die bedingungslose Liebe, zu der ein Geschöpf fähig ist.

Sage jetzt niemand, das hätte sie nur wegen des Futters getan. So was kann nur sagen, wer nicht mit Tieren freundschaftlich verbunden lebt.

Und natürlich lernen wir zu lieben, wenn wir selber Liebesbeziehungen eingehen.

Erste Erfahrungen mit Nähe und Distanz, mit Anspruch und Vergebung, mit Trennen und Finden. Wo finden wir uns, um uns zu lieben?

»Wo habt ihr euch gefunden?« Das ist eine der schönsten Fragen, die ich Paaren stelle, wenn wir den Hochzeitsgottesdienst vorbereiten. Meistens beginnen dann die Braut oder der Bräutigam und am besten beide zusammen, eine zauberhafte Geschichte zu erzählen. Bei der Party, als der Freund des Freundes der besten Freundin auch da war und wir gleich so gut ins Gespräch kamen – weißt du noch? Nein, es war gar nicht bei der Party, es war doch – und dann beginnt die Geschichte noch mal von vorn und es war doch der Freund der anderen Freundin… Am Ende ein verliebter Blick, der sagt, ist doch eigentlich auch egal, jetzt haben wir uns. Und nach dem Wann und Wie werden dann erst die Kinder und die Enkel wieder fragen.

Wie haben sich eigentlich Oma und Opa gefunden?

Immer häufiger höre ich inzwischen andere Geschichten vom Kennenlernen, von denen ich bis vor Kurzem nicht geglaubt hätte, dass sie wirklich passieren. Rendezvous nicht auf der Party und nicht im Kino, auch nicht auf der Weihnachtsfeier oder im Biergarten, sondern vor dem häuslichen PC. Bei einer virtuellen Partnervermittlung oder Singlebörse. Inzwischen kenne ich drei Paare in meinem näheren Bekanntenkreis, die sich auf diesem Wege gefunden haben und die tatsächlich glücklich miteinander sind. Und ein viertes Paar habe ich verheiratet in einem rauschenden, wunderschönen Gottesdienst und ich kam mir vor wie im Märchen – zu schön waren die beiden, zu passend, um real zu sein, zu verliebt, um wirklich von dieser Erde zu sein. Und auch sie haben sich über ein Internet-Portal gefunden. Erstaunlich.

Wie fühlt es sich an, zu Hause allein vor dem PC zu sitzen und sich dort Frauen oder Männer anzusehen, die als Partner oder Partnerin möglicherweise in Frage kommen? Ich habe dergleichen nie probiert, deshalb kann ich wohl nicht wirklich mitreden. Ich kann nur sehen, dass diese Form der Suche offensichtlich hin und wieder zum Ort der eigenen Sehnsucht hinführt, zu dem Menschen, der die eigene Sehnsucht aufnimmt und erwidert mit Liebe. Vorher aber die oft lange Zeit zwischen Versuch und Irrtum, das Ausloten der eigenen Möglichkeiten in alle Richtungen. So zum Beispiel am Dienstagmorgen in der S-Bahn. Überhaupt ist die S-Bahn ein wunderbarer Ort, das Leben zu erleben! Neben mir sitzt eine junge Frau. Wir haben eine weite Strecke zu fahren und so komme ich nicht umhin, ihr Handy-Gespräch mitzuhören. Inzwischen müssen diese allzeitbereiten Kommunikationskästchen ja nicht einmal mehr mit der Hand am Ohr festgehalten werden, sondern die kleinen Mikrophone sind in die Kabel der kleinen Ohrstöpsel integriert und baumeln nun irgendwo auf der Höhe des Halses ihrer Trägerin. Die Schallwellen des Mundes bewegen sich daher völlig ungehindert durch den öffentlichen Raum, in diesem Fall also durch den S-Bahn-Waggon und zu meinem Ohr. Und in meine staunenden Gedanken.

Was ich hörte, ging so: »Ach, ich weiß noch nicht…« (Stimme genervt) »Ja, ich find ihn auch süß…« (Stimme klingt etwas verträumter) Dann lauter, heftiger: »Immer wenn ich bei ihm bin, will ich weg und immer wenn ich weg bin, will ich zu ihm!«

Ich lächle leise vor mich hin. Oh ja, das kenne ich, so ging es mir als sehr junges Mädchen auch oft.

Die junge Frau spricht weiter: »Ja… mal sehen… kann sein…« Und dann plötzlich mit klarer, entschiedener Stimme: »Ich warte bis Silvester und dann werde ich eine Ansage machen.« Dann wandte sich das Gespräch anderen Dingen zu.

Inzwischen war ich doch einigermaßen verblüfft. So geht das also. Da macht eine – es könnte sicher auch einer sein, vermutlich spielt das Geschlecht in dieser Generation nicht mehr die entscheidende Rolle – also eine »eine Ansage«.

Das klingt für meine Ohren eher bedrohlich, egal in welche Richtung die Ansage dann geht. Es klingt jedenfalls nicht tastend, hoffend, fragend, sondern eher befehlend, fordernd oder ablehnend, je nachdem. Es klingt so überhaupt nicht verliebt. Geht Kontaktaufnahme heute so? Per Ansage?

Aber ich kenne das Gefühl ja von früher und in der Tat war ich in die dann »anzusagenden« Jungs meines Alters nicht verliebt. Es gehörte sich nur eben, einen solchen irgendwie »zu haben«, tatsächlich eher so, wie man und frau vielleicht ein Fahrrad oder später einen Roller und noch später eben ein Auto hat. Mit Liebe hatte das tatsächlich nicht so viel zu tun, eher mit Status-Symbol. Wer »hat«, »ist« auch., denn am begehrtesten ist ja oft das, was einem oder einer anderen gehört. Wer nicht »hat« – einen Freund bzw. Freundin an der Seite, der oder die »ist« eben auch nicht vollständig in den Augen der anderen, die dann auch den eigenen Blick beeinflussen und prägen.

Kein Wunder also, dass der oder die, die man sich zur »Vervollständigung« der eigenen Person zugelegt (manchmal in des Wortes wahrer Bedeutung) hat, überaus lästig wird, sobald dieser Jemand anfängt, eigene Vorstellungen von gemeinsamer Vervollständigung zu entwickeln – und damit möglicherweise meine eigene Person verändern, jedenfalls aber daran teilhaben will. Denn so war das ja nicht gemeint. Wer will schon ein Accessoire, das plötzlich eigene Ansprüche stellt und am Ende nicht mehr klar ist, wer hier wen dekoriert?

Liebe ist das wohl nicht, eher »gebrauchen«.

Eigentlich ist dieses »Sich-gegenseitig-Gebrauchen« ja ein uralter Weg, Verbindungen und Ehen zu schließen. Wer hat denn noch vor 100 Jahren gefragt, ob zwei sich lieben? Man schaute Jahrtausende lang, was nützlich war für den eigenen Hof, das eigene Vermögen (so es das gab), die eigene Karriere. Aber auch ohne derartige Pervertierung von »Nützlichkeit« einer Beziehung zwischen zwei Menschen ist die Vorstellung, dass zwei sich lieben sollen, um zueinander zu gehören und miteinander durch das Leben zu gehen, eine vergleichsweise neue Vorstellung.

Wie gut, dass wir so weit gekommen sind! Wie gut ist es, dass wir heute in diesem Land endlich selbst entscheiden dürfen, mit wem wir unser Leben teilen wollen und mit wem nicht! Wie ganz und gar wunderbar, dass wir uns nicht mehr in Beziehungen pressen lassen müssen, die uns nicht guttun und das Leben verhindern. Ja, und warum nicht, auch wenn mir die Vorstellung immer noch fremd ist: Warum nicht auch wirklich vorher die Kandidatin, den Kandidaten erstmal unverbindlich »ansehen« – im Internet zum Beispiel – bevor man sich trifft und möglicherweise Erwartungen weckt.

Ich habe die Liebe allerdings ganz anders erlebt – als ich sie dann erlebte, das heißt, nachdem auch ich aus den »pubertären Versuchsstadien« herausgekommen bin. Oder auch noch mitten darin, da habe ich mich vielleicht nur nicht getraut, das, was mir da geschah, als Liebe zu erkennen. Ja, tatsächlich, es geschah! Das war nicht etwas, dem ich oder über das ich »eine Ansage« hätte machen können. Eher war es so, dass dieses Etwas, dass die Liebe mir »eine Ansage« gemacht hat: Guck mal, da bin ich, und nun sieh, wie du mit mir lebst!

Daraus entstanden Verwicklungen, oft Mühen, manchmal auch Schmerzen, immer wieder aber und bis heute auch überaus glückliche Stunden. Rein gar nichts ist da »vernünftig« oder kalkuliert. Die Liebe ist eine ganz eigene Kraft, die hineinfährt, wo sie will und keineswegs immer sofort Frieden und Freude verbreitet. Ganz im Gegenteil.

Liebe ist lebendig und zum lebendigen Lieben gehört beides, Lust und Schmerz, Verzicht und Hoffnung, Erfüllung und Enttäuschung. Zur Liebe gehört, sich unterzuordnen und zu gewinnen, gehört, sich hinzugeben und eben dadurch selbst zu werden.

Der jüdische Religionsphilosoph Martin Buber hat das schöne Wort geprägt: Der Mensch wird erst am »Du« zum »Ich«. Und so ist es: Wer liebt, kann nicht »Ich« bleiben, sondern kann nur mit dem »Du« zu einem neuen »Wir« und darüber zu einem neuen »Ich« werden. Aber das ist dann ein »Ich«, das geworden ist, dass ich nicht selbst gestaltet habe.

Vielleicht hat es die Liebe in unseren Zeiten, der »Selbstoptimierung« und »Besitzstandswahrung«, wozu auch der »Besitz« des eigenen Ich gehört, oft schwer. Liebe passt nicht zu Selbstoptimierung. Wer liebt, verschenkt sich und hält sich nicht fest. Liebe ist deshalb ein Wagnis, ein Weg ins Unbekannte, der mich anders machen wird, als ich bin und ich kann es vorher nicht wissen.

Und so ist es auch mit Gott, der für mich auch nichts anderes ist als Liebe. Wer sich auf die Liebe Gottes einlässt, kann vorher nicht wissen, wohin er oder sie geführt wird. Wer der Liebe Gottes begegnet, kann nicht bleiben, wer er war. Aber er wird der, als der er gedacht war. Und sie auch.

Wo Grenzen gezogen werden, Mauern gebaut oder Türen geschlossen, Herzen verhärtet werden, hat Liebe wenige Chancen. Ja, sie springt in ein Leben wie ein Quell, fährt hinein wie ein Sturm, leuchtet wie ein Blitz ins Herz und ins Leben. Aber sie ist auch scheu und verletzlich. Wer ihr nicht vertraut, kann sie vertreiben.

Wenn sie vertrieben wird, diese Liebe, wird es kalt und manchmal hart im eigenen Herzen. Und manchmal entstehen dann Kriege, in denen die Kraft der Liebe sich verkehrt in gnadenlose Gewalt.

Dieses Kapitel ist dem »Dienstag« gewidmet, denn der Dienstag ist in der jüdischen Tradition der Hochzeitstag. Am Dienstag wird geheiratet. Denn – so steht es im biblischen Schöpfungsbericht, der mit der Zählung der Wochentage am Sonntag beginnt – der dritte Schöpfungstag ist der einzige Tag, an dem Gott, der Ewige zweimal gesagt hat: Und siehe, es war gut. An diesem dritten Tag schuf Gott, so steht geschrieben, Wasser und Erde – zwei Gegensätze, die einander doch bedingen und brauchen. An allen anderen Tagen steht dieses Wort als Abschluss des jeweiligen Schöpfungsaktes nur einmal – am Dienstag, dem dritten Tag der Woche, steht es zweimal da. Also zwei, also Dualität statt Unio, also Trennung statt Vereinigung. Und aus der Trennung wird die Sehnsucht geboren, wieder eines zu werden, also Hochzeit zu feiern – mit oder ohne Ritual und Gottesdienst.

Aber so einfach ist das dann doch nicht. Denn wenn es zwei gibt, ist es ja nicht sicher, ob aus diesen Zweien wirklich Eines wird. Vielleicht bleibt es auch Zwei und verhärtet sich und stellt sich gegeneinander anstatt zueinander. Dann entsteht Streit und Zwiespalt (Zwei-Spaltung) und im schlimmsten Fall Krieg. Dann tritt Mars auf den Plan, der Kriegsgott der alten Völker, der bis heute demselben Tag in den romanischen Sprachen einen ganz anderen Namen gegeben hat: »martedì« auf Italienisch, »mardi« auf Französisch, »martes« auf Spanisch, »marti« auf Rumänisch. Der Tag der Liebe – oder der Tag des Mars, des Kriegs. Es liegt auch in unserer Entscheidung.

»Die Menschen haben so viel Liebe«, hat die junge Pfarrerin Katrin Berger gesagt.

Es lag in meiner Entscheidung, ob ich der zynischen Stimme in meinem kritischen Verstand oder der Sehnsucht in meinem Herzen Raum gab. Und für diesmal habe ich mich entschieden und eigentlich war es immer so in meinem Leben. Ich kann gar nicht anders, als mich für die Liebe zu entscheiden, und was daran wehtut, ist ebenso lebendig wie die Freude und die Beglückung darin. Und vielleicht werde ich am Ende meines Lebens die sein, als die ich erdacht wurde von der Liebe.

Die Frau an der Kunkel

> »Ehret die Frauen! sie flechten und weben
> Himmlische Rosen ins irdische Leben.«
> *Friedrich Schiller*

Alienors nachtblauer Faden liegt in meiner Hand und wartet darauf, dass ich ihn hineinwebe in das Textgewebe dieses Buches, in diesen Teppich des Alltags, der hier entsteht.

Alienor hat ihn gesponnen. Sie kann spinnen. Seltsam, dass das Wort »spinnen« in der deutschen Sprache so unterschiedlich verstanden werden kann – und heute wohl immer mehr einfach nur in der Bedeutung von »herumflunkern«, »Unsinn erzählen« oder gar »Lügen verbreiten« genutzt wird. »Du spinnst« meint heute wohl nirgends mehr die objektive Feststellung, dass da eine am Spinnrocken sitzt und Fäden spinnt, sondern dass sie eben ein bisschen verrückt ist, Quatsch erzählt, vielleicht irgendwie anstrengend ist.

Und ebenso auffällig ist, dass dieser Bedeutungswandel sich wohl mit dem Wort »spinnen« vollzogen hat, nicht aber mit der dazugehörenden Handwerkskunst, dem Weben.

Vielleicht liegt es daran, dass auch Männer weben können und gewebt haben, vor allem seit der beginnenden industriellen Revolution. Spinnen aber war schon immer das Handwerk der Frauen. »Schon immer« heißt wirklich »schon immer«, seit Menschen angefangen haben, ihre Umwelt zu gestalten und sich diese Umwelt zunutze zu machen. Seit sie anfingen, sich selbst Kleider aus selbstgewebten Stoffen herzustellen und Pflanzenfasern und Tierhaare zu Fäden gesponnen haben. So haben sie auch seit alters her Göttinnen verehrt, die als Hüterinnen des Webens und des Spinnens, ja selbst als Spinnerinnen und Weberinnen der Lebensfäden angerufen wurden – Tait in Ägypten, Acal Voh bei den Maya, Athene (als Ergane angerufen) im antiken Griechenland, Holla bei den Germanen, Uttu, die wohl älteste der webenden Göttinnen, bei den Sumerern.

Die sumerische Göttin Uttu könnte zugleich die Hüterin aller Schreibenden sein, denn sie wird auch die Schweigende genannt. Sie selbst spricht nicht, aber sie wirkt. Da ist es wieder, dieses ebenfalls zweideutig-eindeutige Wort: Sie wirkt Veränderung und sie wirkt ihre Fäden zu einem Gewebe. Uttu webt – und in der lateinischen Sprache heißt weben »texere«. Uttu webt einen Text und Gott spricht das erste Wort und die Schöpfung wird erschaffen.

Ein gesprochener Text ist ein Gewebe aus Lauten und ein gewebter Text ist der Stoff, aus dem die Welt erschaffen ist. Deshalb also werden die Schicksalsgöttinnen als Spinnerinnen und Weberinnen dargestellt und deshalb wird ein Lebensfaden gesponnen und verwoben, bis er abgeschnitten wird und das Gewebe eines Lebens vollendet ist und zum Gewand in der Ewigkeit wird.

Deshalb werden Worte gesprochen und Bücher geschrieben. Während das Schreiben nicht unbedingt ein Vorrecht der Frauen war, waren es immer schon die Frauen, die spannen, die am Spinnrocken saßen, der in alter Sprache »Kunkel« heißt. »Die Frau an der Kunkel« ist ein kunstgeschichtliches Motiv, das in vielen Kulturen auftaucht. Auch die junge Frau aus Nazareth, Maria, die das Gotteskind zur Welt bringt und so das Leben in die Welt trägt, wird gelegentlich mit einer Spindel gezeigt – ebenso wie ihre Urahnen, Eva, hebräisch Chava, die Mutter alles Lebendigen. SIE ist es, die das Leben webt. Alienor hat recht.

Eine, die Texte schreibt, steht in derselben Tradition, ob sie es weiß oder nicht. Ob Worte eine lebensschaffende Kraft haben können? Ob ein Text Leben weben kann? Sicher. Jede und jeder, die und der schon einmal ein freundliches Wort gehört und in ihr oder sein Herz genommen hat, weiß um die belebende Kraft des guten Wortes. Ein gutes Wort ist ein Segen – Benediktus. Bene dicere, nochmal Latein, heißt einfach nur »gut sagen«. Gutes Sagen, Schönes Weben, Wirklichkeiten spinnen.

»Gott sprach – und siehe, es ward.« Gewebe aus Wort und Leben. Ob Texte unsere Welt verändern? Auch das lehrt die Geschichte. Die Heiligen Schriften der Völker weben in die Geschicke der Menschen Farben und Muster, die sie erkennbar machen.

»Spinne, du Mädchen, und webe, du Frau!
Dichtes und Lichtes, Sprödes und Ödes, Leben und Tod.
Rädchen, du singe, Schiffchen, du springe,
Federlein, rett' uns aus aller Not!«

Schade eigentlich, dass heute kaum mehr jemand mit einer Feder schreibt. Das erste Wort dieses zeitgenössischen Kurzpoems offenbart eine andere Dimension der versponnenen Mythologie: Die Spinne, griechisch: arachne, ist eben auch eine Spinnerin und heißt in der deutschen Sprache nicht zufällig so. Obwohl von vielen Menschen gefürchtet und leider oft von Frauen, die ihr eigentlich besonders nahestehen könnten, gehört auch die Spinne in den Bereich der spinnenden und webenden Göttinnen früherer Zeit. Und das geschah so:

Als Tochter des Idmon von Kolophon, der sich als Purpurfärber einen Namen gemacht hatte, war Arachne in der lydischen Stadt Hypaipa eine sehr geschickte Weberin, die weitum gelobt wurde.

Dies ließ sie hochmütig werden und sie begann damit zu prahlen, dass ihr Geschick im Weben noch größer als jenes der Pallas (das ist die Göttin Athene) sei. Dies wiederum erzürnte die Göttin, doch wollte sie Arachne noch eine Gelegenheit geben, sich zu mäßigen. Deshalb erschien Athene in der Gestalt einer alten, weisen Frau und warnte Arachne vor ihrer Hybris. Doch Arachne zeigte keine Einsicht und fragte nur herausfordernd, weshalb die Göttin denn nicht selbst komme. »Da ist sie!« sprach Athene und offenbarte ihre wahre Gestalt. Nun gingen die beiden Frauen ans Werk. Athene wählte als Motiv für ihren Wandteppich eine Szene, die aufzeigt, wie sie im Wettstreit um die Schirmherrschaft Athens gegen Poseidon obsiegte, Arachne dagegen bildete einundzwanzig Szenen ab, welche die Götter bei ihren Liebeseskapaden zeigen.

Sogar Athene musste eingestehen, dass Arachnes Werk makellos war. Ihr Neid und die Schmähung, von einer Sterblichen so vorgeführt worden zu sein, ließ sie die Fassung verlieren. Sie zerriss Arachnes Wandteppich und schlug mit ihrem Webschiffchen auf ihre Konkurrentin ein. Arachne, die nun die Rache der Göttin vollends fürchtete, erhängte sich darauf. Doch Athene ließ sie nicht sterben, sondern löste den Strick um ihren Hals und versprühte das Gift des Eisenhuts, worauf sich der Strick in ein Spinnennetz und Arachne in eine Webspinne verwandelte. So waren Arachne und ihre Nachkommen dazu verdammt, bis in alle Ewigkeit zu weben und an Fäden zu hängen.

So lautet, etwas frei erzählt, die Geschichte von Arachne, der schönen Weberin, die wegen ihres Hochmuts zur gefürchteten Spinne wurde, aber ihre Kunst bewahrt hat.

Auch ich gehe Spinnen tatsächlich sehr viel lieber aus dem Weg, als dass ich sie bei mir zu Hause begrüße. Es liegt wohl an ihrer geräuschlosen, unsichtbaren und dennoch so unangenehm klebrig-spürbaren Präsenz.

Und doch erkenne ich in Arachnes Geschichte etwas, das ich mir merken will: Hochmut führt in den Tod. Wenn nicht in den physischen, so doch in den geistlichen, weil die Verbindung zur schöpferischen Kraft, die uns alle erfüllen und uns in den Dienst nehmen will, geleugnet und schlimmstenfalls durchtrennt wird. Athene aber – in der Geschichte zwar von Rachegefühlen geleitet, aber in ihrem Tun dennoch Sinnvolles wirkend – errettet das Leben der Arachne gleichsam aus dem Tod und gibt ihr eine neue Verbindung mit dem Lebendigen. Den buchstäblich seidenen Faden, an dem ihr Leben hängt.

Nun ja, die Deutung ist zugegeben etwas gewagt. Wahr ist, dass wir aus uns selbst heraus nichts schaffen und wirken und weben und schreiben können, wenn ER und SIE nicht Ihren Segen und Seinen Geist dazu gibt. Jedenfalls nichts, was das Leben fördert und die Liebe belebt.

Deshalb will ich mich meiner Anbindung – nichts anderes heißt das Wort religio: Anbindung, Rückbindung – vergewissern und werde erst mal Gottesdienst feiern, bevor ich das nächste Kapitel beginne und die nächsten Fäden verwebe.

Und Alienors gesponnener blauer Faden glänzt weich und blau in der Mitte dieses Gewebes und hält die Welten zusammen.

IV.

Maskentanz

Meine Freundin Alienor liebt die Farbe dunkelblau. Sie stickt wunderschöne Muster auf jeden Stoff, der ihr in die zarten Hände fällt, sie ist still beglückt über jeden Stern, den sie am nachtblauen Himmel sieht und sie hat gar keine Angst vor der Dunkelheit. Im Gegenteil: Sie versteht sich immer am besten mit Menschen und anderen Wesen, die im Dunkel wohnen. Manchmal versteht sie diese Menschen besser als mich, die ich immer wieder versuche, Licht in alle Dunkelheit zu bringen.

Als ob ich das könnte. Als könnte das nicht nur DER, der selber das Licht ist. Alienor würde jetzt sagen: Das kann nur DIE, die das Licht ist.

Alienor kennt die christliche Tradition, die jüdische auch, aber die ist ihr zu männlich dominiert. Deshalb besteht sie immer darauf, dass ich, wenn ich von Gott rede, auch mal »SIE« sage. Nicht weil Gott eine Frau ist, denn das ist SIE nicht, weder Mann noch Frau, sondern einfach, damit wir uns ein bisschen stören lassen in unseren festen Vorstellungen.

Recht hat sie, meine kluge Freundin Alienor. Wenn jemand wirklich Licht in das Dunkle der Welt bringen kann, dann ist das SIE, Gott. Aber Alienor kann, im Unterschied zu mir, darauf warten, dass es hell wird. Ich bin immer ein bisschen in der Gefahr, alles selbst machen zu wollen, am besten mit starken LED-Strahlern. Leider vertreibe oder blende ich dadurch immer mal wieder Menschen und andere Wesen. Und dann verschließen sie sich.

Alienor wohnt selbst oft im Dunklen, sie ist oft zu scheu, um herauszugehen. Deshalb erzähle ich ihr manchmal von dem, was ich so erlebe auf meinen Wegen, und sie hört einfach zu. Und manchmal reicht dann das Zuhören schon, damit es mir besser geht nach all dem vielen, was ich so sehe und höre. Und manchmal schafft es Alienor allein durch ihr stilles Zuhören, dass ich eine gute Idee habe, wie ich jemandem helfen kann. Oder auch mal die gute Idee habe, jemandem um Himmels willen nicht noch mehr von meiner Hilfe aufzudrängen, die alles vielleicht nur noch schlimmer macht. Es gibt so etwas. Dass Stillsein und Hoffen manchmal viel besser ist als hektische Hilfsmaßnahmen. Das steht übrigens auch in der Bibel: »Durch Stillesein und Hoffen würdet ihr stark sein« steht im Buch Jesaja. Stimmt sicher nicht immer. Manchmal aber eben doch.

Alienor ist sozusagen ein Mittwochskind. Sie verbindet im Verborgenen den tiefsten und den höchsten Punkt der Woche, der Zeit, des Lebens. In der christlichen Tradition würde diese Beschreibung von der Gleichzeitigkeit und der »Gleichortigkeit« sicher besser auf den Freitag passen, weil Jesus, der Lebendige, an diesem Tag gekreuzigt wurde und damit zugleich das Heil vollendet hat. Aber Alienor ist ein Mittwochskind, weil die christliche Deutung ihr zwar wichtig, aber nicht entscheidend wichtig ist. Sie ist da pragmatischer und manchmal weltfremd, eher den Sternen näher. Und die Mitte von allem, sagt sie, ist der Mittwoch. Deshalb heißt er ja so: Mitte der Woche. Und diese Mitte ist zugleich der höchste Gipfel eines Berges, der tiefste Abgrund der See, die Mitte der Zeit und das Herz des Lebens. Sagt Alienor, das Mittwochsmädchen.

Vielleicht liegt es an den spannungsreichen Widersprüchen dieses Tages, dass in früheren Zeiten sogenannte »gefallene Mädchen« heiraten mussten. Nicht wie alle anderen am Sonntag, wie sich das christlich gehört, oder am Dienstag, wie sich das jüdisch gehört, sondern am Mittwoch, so wie es sich für die gehört, die sich zuvor schon »ungehörig« benommen haben. Zum Beispiel, weil sie einen Mann geliebt haben und von ihm schwanger wurden, oder weil sie einen Mann nicht geliebt haben, der sie aber nicht gefragt hat und sie dann wider Willen schwanger wurde. Dann musste das »gefallene Mädchen« heiraten. An einem Mittwoch nämlich, damit alle sehen, dass sie eine »Gefallene« ist. Warum gibt es eigentlich keine »gefallenen Jungs«? Alienor hat schon Recht, auch unsere christliche

Tradition ging nicht immer gut mit Frauen um. Bis heute nicht.

Heute Vormittag treffe ich nicht Alienor, sondern Britta. Natürlich heißt Britta nicht wirklich so, der Name ist mir gerade eingefallen. Britta würde kaum wollen, dass sie in diesem Buch erkennbar ist. Also erzähle ich von ihr so, dass sie nicht erkannt werden kann und sich dennoch viele in ihr wiedererkennen werden. Denn Brittas Weg ist einer, den sie mit sehr, sehr vielen Menschen teilt. Nur dass nicht viele darüber sprechen, auch nicht miteinander.

Britta ist Anfang vierzig, hat zwei Kinder, die schon größer sind, und einen Mann, der nett ist und gut verdient. Britta sieht gut aus, etwa so, wie ich immer gern ausgesehen hätte, als ich mir noch mehr Gedanken darüber machte als heute. Sie ist groß, schlank, hat dichte, blonde, ganz leicht lockige Haare, die sie immer irgendwie gekonnt unordentlich zu einem Knoten verzwirbelt. Irgendwann werde ich sie fragen, ob das wirklich so mal eben hingeknotet ist oder ob sie nicht doch Stunden aufwendet, um so elegant unordentlich auszusehen. Jedenfalls steht es ihr ausgezeichnet. Britta hat große grau-blaue Augen, die immer ein bisschen erschrocken in die Welt gucken. Als erwartete sie jederzeit einen Angriff, vor dem sie sich schützen muss. Ein bisschen wir ein scheues Reh, ein grau-blauäugiges Reh.

Britta kommt gerade wieder aus der Psychiatrie. Da ist sie öfter, immer wenn es nicht mehr geht. Wenn ihre Kinder und ihr Mann sie nicht mehr aushalten. So empfindet sie das jedenfalls selber, die anderen, also ihr Mann und ihre Kinder, würden das so wohl nicht sagen. Sie sagen nur, dass sie sich Sorgen um sie machen, auch dass sie Angst haben um sie. Britta sagt, dass sie vielleicht auch manchmal Angst um sich selber haben – denn so eine Mutter ist eben doch unersetzlich und weder Kinder noch Mann möchten gern länger auf sie verzichten. Britta schätzt die Situation realistisch ein. Vielleicht ein bisschen zu nüchtern. Aber ihre Gefühle hat Britta gut um Griff. Meistens.

Britta ist dünn geworden. Dick ist sie nie, nicht mal mollig. Aber jedes Mal, wenn sie aus der Psychiatrie kommt, ist sie wieder dünner geworden, wirkt so durchsichtig wie ein heller Opal. Ihre Hände sind knochig, und wenn sie die langen Finger um die Teetasse legt, habe ich Angst, dass etwas zerbricht. In ihren Fingern, nicht an der Tasse.

Britta wirkt zerbrechlich – aber dieses Wort ist ebenso falsch wie kitschig. Bei »zerbrechlich« sehe ich unwillkürlich weißgekleidete junge Damen unter Blütenbäumen im Frühling, gern mit Veilchen auf den ausladend duftigen Hüten. Renoir oder Monet, nachmittags beim Teetrinken aus hauchzarten Porzellantässchen. Nein, so ist Britta nicht. Britta ist nicht zerbrechlich, Britta ist zerbrochen und zersplittert in lauter Scherben. Und dass vor mir trotzdem eine vollständige, schöne Frau sitzt, liegt eben daran, dass Britta alles andere als »zerbrechlich« ist. Sie ist vielmehr stark, sehr stark, denn sie schafft es seit Jahrzehnten, ihre zerbrochene und zersplitterte Seele immer wieder zusammen zu sammeln und um irgendetwas herum zu ordnen, damit sie leben kann. Ich würde dieses Etwas in der Mitte vielleicht Herz nennen oder so, aber Britta ist da vorsichtiger. Bei Gelegenheit werde ich Alienor fragen, sie kennt sich aus mit den Dingen, die in der Mitte sind.

Vorerst betrachte ich Brittas verbundene Arme. Das heiße Wasser im Topf, eine blöde Bewegung, heißes Wasser auf nackter Haut, das hinterlässt Spuren. Aber das ist nur eine Ausrede, falls jemand mal fragt. Allerdings fragt kaum jemand, weil Britta immer langärmelige Sachen trägt, im Winter und im Sommer. Deshalb braucht sie sich kaum Erklärungen für ihre Verbände auszudenken. Tatsächlich sind darunter nämlich keine Brandwunden, sondern Schnittwunden. Viele, ganz unterschiedliche. Lange und kurze, solche, die nur noch als zarte, weiße Linien zu erkennen sind, wenn die Haut der Arme braun gebrannt sind – was sie allerdings aus naheliegenden Gründen fast nie sind. Zu viel Stoff darüber, zu viel Narbengewebe darunter. Andere Schnitte sind eher lila-violett – die sind schon gut verheilt, aber noch nicht ganz so alt. Dann gibt es welche, die sehen eher aus wie Dünen, hochgewölbt und langgestreckt, das sind ihre Lieblingsschnitte. Die werden immer wieder neu aufgeschnitten und wölben sich jedes Mal ein bisschen höher, wenn sie verheilen. Manche aber bleiben entzündet. Und es gibt die ganz neuen Schnitte, die haben dann einen roten Rand und sind verkrustet. Jucken manchmal oder brennen.

Als Britta mir das erste Mal ihre Schnitte gezeigt hat – das war ein gewaltiger Vertrauensbeweis und ein großer Schritt auf unserem gemeinsamen Weg –, hat sie davon gesprochen wie andere von ihrer Briefmarkensammlung. Fast ein bisschen stolz, sehr kenntnisreich, was die Stadien der Wundheilung und die medizinische Versorgung betrifft, als wären diese Arme nicht ihre Arme oder als wäre es ein verbreiteter Volkssport, sich die Arme und vielleicht auch andere Körperteile zu zersägen. Ist es vielleicht auch, wie gesagt, man spricht da nicht so drüber.

Manchmal aber, wenn sie allein ist, bricht in Britta etwas ganz anderes hervor, das mit dieser scheuen, distanzierten Frau, die mir da gegenüber sitzt, wenig zu tun hat. Eher mit einer Furie. Eine wilde Kraft, zornig, zerstörerisch, angriffslustig. Und weil dann niemand da ist, den sie angreifen kann oder den sie sich anzugreifen traut oder der es verdient hätte, angegriffen zu werden, greift sie sich eben selber an, bis aufs Blut, bis auf die Knochen. Erst wenn sich durch den Schmerz diese wahnsinnige Anspannung, die sie zu zerreißen droht, entladen hat, kann sie das Messer oder die Rasierklinge oder die Glasscherbe fallen lassen. Und schaut dann fast ungläubig auf das Blutbad, das sie mit sich selbst angerichtet hat. Also wieder putzen, Verbandszeug suchen. Aufatmen. Wieder für ein paar Tage Ruhe. Manchmal nur für ein paar Stunden. Jedenfalls bis sich das schlechte Gewissen wieder meldet. Denn sie hatte es doch ihrem Mann versprochen und ihren Kindern auch. Die bekommen das doch mit, sind ja nicht dumm. Außerdem sprechen die über sowas jetzt sogar schon in der Schule und was man dann machen kann, wenn man selber ritzt oder jemanden kennt.

Seltsam, auf einmal benehmen sich die eigenen Kinder wie die Sozialarbeiter und die Therapeuten in der Klinik. Wenn sie nicht aufpasst, dann geht es den Kindeern später einmal so wie ihr selbst, völlig überfordert von der eigenen kranken Mutter.

Leider hat niemand mit Britta gesprochen, als sie vor 25 Jahren in der Schule war und mit dem Ritzen anfing. Da ging es nur um die Schulfächer, in denen sie immer gut war – außer Russisch, das konnte sie nicht. Wie es ihnen, den jungen Menschen, wirklich ging, war in der Schule kein Thema und zu Hause schon gar nicht. Sowas gab es damals gar nicht, dass die heranwachsenden Kinder irgendwie psychische Probleme haben sollten. Dagegen half im Zweifelsfall arbeiten und wieder arbeiten.

Hat Britta auch gemacht, sie hat viel gearbeitet, in der Schule und im Sport und in der Kirchengemeinde. Tatsächlich war sie in der Gemeinde eine der ganz wenigen aus ihrer Schulklasse. Jugendweihe hat sie trotzdem gemacht, das wollte sie und sollte sie, das machte manches leichter und war ja auch interessant. Aber die Jungschar in der Gemeinde war auch lustig und die Konfirmation hat sie ebenfalls gern mitgenommen. Danach hat sie sich dann allerdings nicht mehr so oft blicken lassen. Da ging das dann auch schon los mit dem Ritzen und die anderen haben blöd geguckt, als sie sich mal am See ausgezogen hatte und mit den anderen baden gehen wollte. Bis dahin war alles gut gegangen, weil sie sich da lieber die Beine geritzt hat als die Arme, denn die Beine kann man besser verstecken. Später ging das dann nicht mehr so gut, es brauchte zu lang, bis sie sich irgendwo ungestört die Hosen ausziehen konnte. Mit den Armen geht das besser, da kommt sie schneller ran.

Irgendwann hat ihre Mutter sie das erste Mal in ein Krankenhaus geschleppt, da hatte sie zu stark geschnitten und wohl ein größeres Blutgefäß getroffen. Auch Ritzen will gelernt sein. Das war dann schon nach der Wende und da fiel dann zum ersten Mal das Fachwort »Borderline«. Seitdem begleitet sie dieses schillernde Wort von Arzt zu Arzt, von Krankenhaus zu Krankenhaus, von Tag zu Tag. Borderline. Grenze. Sagt ja schon alles oder gar nichts. Eine Verlegenheitsdiagnose, findet Britta. Denn was heißt denn Grenze? Grenze wovon? Wo zwischen? Ist Berlin vielleicht eine Borderline-Stadt? Britta hat immer direkt an der Grenze gewohnt, an der Mauer, um genau zu sein. Nein, Britta glaubt, dass diese Grenze doch wohl am ehesten zwischen Britta und Britta verläuft, zwischen der zornigen und der scheuen, zwischen der, die am liebsten um sich schlagen möchte und der, die immer nur Angst hat und auch nicht weiß, wovor eigentlich.

Auf den ersten richtigen Schnitt folgten dann Therapien um Therapien und letztlich änderte sich nichts.

Ihr Mann sagt, dass Britta zu alt sei für so etwas. So etwas machen nur Jugendliche, keine erwachsenen Frauen von 40 Jahren mit zwei Kindern. Stimmt. Sie hat auch anderes probiert. Tabletten, Hungern, Alkohol. War aber alles nicht so gut, weil es zu teuer war, zu langsam ging oder doof machte. Ritzen ist perfekt. Es geht schnell, ist hoch wirksam, lässt sie nicht verblöden, nur vernarben. Und darum geht es ja vielleicht auch. Mit der Zeit wird sie dickhäutiger. Narbengewebe ist dicker als die eigene dünne Haut, jedenfalls vorläufig.

So sitzt Britta vor mir und erzählt und erzählt und ich kann nichts anderes tun als zuhören und diese ungeheuerliche Geschichte mittragen. Alle meine klugen Versuche der Ursachenforschung, um Britta aus ihrem Muster herauszuholen, habe ich längst eingestellt. Wir haben inzwischen gelernt, Borderline-Persönlichkeiten haben in der frühen Kindheit gravierende Traumata erlebt, ihre Seele ist dissoziiert, verschiedene Persönlichkeitsanteile leben in Spannung miteinander, das Ritzen ist der Spannungsabbau. Wie überheblich muss ein Mensch sein, zu glauben, dass wir allein durch gemeinsames Teetrinken mehr erreichen würden als spezialisierte Traumatherapien. Wobei das ja manchmal durchaus auch hilfreich sein kann, das gemeinsame Teetrinken: Das heißt dann: stabilisierende Bindungsangebote als Gegengewicht zu destabilisierenden Gewalterfahrungen in der Kindheit. Nur bin ich eben keine Therapeutin und kann auch nicht wirklich stabilisierende Bindungsangebote machen. Ich kann nur zuhören, ab und zu. Und die Ohnmacht aushalten – Brittas und meine. Meine Freundin Alienor ist besser im Aushalten als ich, ich will immer irgendetwas machen. Sagte ich schon und merke ich gerade wieder, als ich so vor Britta sitze und die Geschichten wieder höre.

Hier ist nichts zu *machen*. Hier ist mit zu *leiden*, hier ist nur im Leiden dabeizubleiben. Hier ist nicht wegzulaufen vor den immer gleichen Geschichten, nicht wegzuschauen, wenn sie mir wieder einmal ihre Arme zeigt. Oh, ich sage ihr schon, wie sehr mich der Anblick jedes Mal aufs Neue erschreckt. Inzwischen habe ich aber gelernt, ihren Arm trotzdem ganz leicht zu berühren, manchmal. Das hat sie beim ersten Mal überrascht und das hat ihr wohlgetan. Dass ich mich nicht angeekelt weggedreht habe. Wohl auch deshalb fühlt sie sich angenommen.

Ich weiß nicht, wie das mit dieser Mittwochsfrau weitergehen wird. Sie ist in Therapie, sie nimmt ihre Tabletten, sie ritzt sich zum Gotterbarmen. Vielleicht wird ihr Mann sie irgendwann verlassen, vielleicht werden ihre Kinder irgendwann genug von ihr haben. Sie befürchtet beides. Aufhören kann sie deswegen nicht.

Alles was ich tun kann ist, ab und zu mit Britta eine Stunde Zeit und ein paar Tassen Tee zu teilen. Eine Kerze anzuzünden. Ihr zu versichern, dass ich sie ganz sicher nicht verurteile und Gott auch nicht. Danach hat sie einmal ganz schüchtern gefragt. Obwohl sie längst aus der Kirche ausgetreten ist, hat diese Frage sie bedrängt. Ob Gott sie wohl verachten würde. Gott verurteilt niemanden, der oder die nach IHM (Alienor würde sagen: nach IHR) fragt und schon gar nicht wegen einer Krankheit. Unser Gott ist ein mitleidender Gott. Er bleibt da, wenn alle gehen.

Nach etwa einer Stunde steht Britta auf, umarmt mich wie immer scheu, bindet sich ihren großen bunten Schal um, in dem sie fast verschwindet (ob sie das möchte?) und geht hinaus. Durchs Fenster sehe ich ihr hinterher. Eine gut aussehende Frau, offensichtlich gebildet, nicht arm, geht gegenüber in den Bio-Laden, wo alle diese gut aussehenden, schick angezogenen Frauen mittleren Alters gerne einkaufen. Bio-Gemüse, Bio-Nudeln, Bio-Fleisch, Bio-Gummibärchen für die Familie. Ob es da auch Bio-Pflaster gibt? Denn eine von diesen Frauen der gehobenen Mittelschicht des eher linksliberalen Milieus hat gänzlich zerschnittene Arme. Und vielleicht nicht nur eine. Alle aber sind sie gut versteckt unter ihren gekonnt unordentlichen Frisuren und ihren so großen Schals.

Es gibt hier, aber wohl nicht nur hier in diesem vergleichsweise wohlhabenden Außenbezirk im Südosten Berlins ein Elend, das sich tief verbirgt unter äußerer Abgeklärtheit. Hier ist man und frau gebildet, modern bis postmodern, kunstbeflissen, kulturell informiert und zuweilen selbst künstlerisch tätig. Sogar die Kirche wird als Veranstaltungsort auch für nicht kirchliche Veranstaltungen gern genutzt, man gibt sich hier wie dort weltoffen und tolerant. Allerdings frage ich mich auch, wie es bei so viel Weltoffenheit und Künstlerdichte zu einem Wahlergebnis wie im vergangenen September kommen konnte. Ein Drittel der weltoffenen und kunstbeflissenen Bewohner hier hat allen Ernstes rechtspopulistisch gewählt. Oder waren es doch die anderen? Sicher. Irgendwie sind es ja immer die anderen.

Ganz offensichtlich leben viele hier auch irgendwie maskiert. Unter freundlich-intellektuellem Auftreten verbirgt sich hier und dort auch Hass, Angst, und Zorn. Verhüllt, außer wenn gerade keiner zuguckt – in der Wahlkabine zum Beispiel. Oder, ganz einsam, ganz verzweifelt in Gesellschaft der Rasierklinge. Ich frage mich wirklich, wie viele so leben, so verborgen.

Offiziell leben wir hier in gediegenem Frieden miteinander. Man (und frau) ist vor allem in den mittleren Jahren oder jünger, hat auch hier wieder zwei bis drei Kinder, die ebenfalls Lisa und Anton heißen. Oder auch Wilhelm und Marie. Es ist schön hier und niemand wird gezwungen, die Ärmel hochzuschieben und zu zeigen, was darunter ist. Im Übrigen ist es heute kein Zeichen von Schwäche mehr, eine Psychotherapie in Anspruch zu nehmen, im Gegenteil: In den Kreisen von Marie und Wilhelms Eltern gehört sie gewissermaßen zu einer »achtsamen Lebensführung« dazu wie die homöopathischen Kügelchen. Allerdings gilt das vornehmlich für die Reicheren hierzulande. Denn es gibt viel zu wenige Psychotherapeuten mit Kassenzulassung, weil viele von ihnen gen Westen ziehen. Auch 24 Jahren nach Maueröffnung und sogenannter Wiedervereinigung gibt es auch bei Ärzten und Therapeuten ein unterschiedliches Honorar für gleiche Leistungen. Sie verdienen mehr, wenn sie zum Beispiel in Kreuzberg praktizieren, als wenn sie in Pankow eine Praxis eröffnen. Die Folge sind endlose Wartezeiten und überfüllte Notaufnahmen in psychiatrischen Kliniken. In den Zeiten, in denen ich als Krankenhausseelsorgerin in psychiatrischen Stationen im Ostteil der Stadt beschäftigt war, traf ich dort immer wieder Menschen, die ebenso gut und wohl besser zu Hause mit einer ambulanten Therapie versorgt gewesen wären. Aber die gibt es eben nicht. Und so sind die Stationen voll, das Personal wegen Überlastung knapp, die Verweildauer wird mehr und mehr verkürzt und die Menschen, die Hilfe brauchen, finden allenfalls eine Symptombehandlung. Wenn sie nach Hause gehen, sind sie oft ohne Anschlussbehandlung und der Kreislauf beginnt von vorn. Manche von ihnen gehen in den Zwischenzeiten zu uns, den Seelsorgerinnen und Seelsorgern. Es geht ihnen nicht um Glaubensgespräche und geistliche Unterredung, es geht ihnen einfach darum, dass jemand zuhört. So wie Britta.

Und Britta hat es in alldem noch richtig gut, sie ist geradezu privilegiert. Denn sie spricht akzentfrei Deutsch, sie ist überhaupt Deutsche, sie hat einen deutschen Mann und deutsche Kinder und – nein, ich sag jetzt nicht, dass sie auch noch groß, blond und blauäugig ist. Graublauäugig.

Ganz anders ergeht es Liljana (und auch dieser wie alle folgenden Namen sind selbstverständlich geändert).

Liljana ist klein, dicklich, hat schwarze Haare und sehr dunkle Augen. Sie spricht fast kein Deutsch, versteht ein bisschen, ist aber viel zu scheu, um das zu erkennen zu geben.

Liljana lebt auch nicht in einer Wohnung, sondern mit sieben Kindern und ihrem Mann in drei Zimmern in einem Flüchtlingsheim in Köpenick. Liljana hat doppelt und dreifach Pech. Sie ist keine Deutsche, sondern Kosovarin oder Serbin. In dem einen Land ist sie geboren, in dem anderen hat sie gelebt, bevor sie herkam. Das sagen zumindest die anderen, nämlich die deutschen Behörden, die der Meinung sind, dass der Kosovo ebenso wie Serbien ein sicheres Herkunftsland ist und dass Liljana deshalb doch ohne Weiteres nach Hause gehen könnte.

Nun hat sie aber auch das Pech, dass sie nach eigenem Verständnis eben nicht Kosovarin, auch nicht Serbin, sondern eine Roma ist. Sie, ebenso ihr Mann und auch ihre sieben Kinder. Und Roma werden sowohl im Kosovo als auch in Serbien ausgegrenzt, verfolgt, bedroht, misshandelt, manchmal auch getötet. Nicht staatlich sanktioniert, nein, so nicht. Aber auch nicht staatlich verhindert. Roma sind in Serbien und im Kosovo die Ärmsten der Armen, geächtet und diskriminiert bis zur bürokratischen Auslöschung. Viele von ihnen gibt es einfach gar nicht, weil sie keinen Pass bekommen, die Kinder in keinen Geburtsregistern erfasst werden, nicht in die Schulen gehen dürfen und später auch keine Arbeit bekommen. Roma sind Müllsammler und das sollen sie nach Möglichkeit auch bleiben. Unsichtbar am besten.

Nur ganz wenige schaffen es, sich trotzdem eine Existenz aufzubauen. Liljanas Mann ist einer dieser wenigen. Er war es jedenfalls. Im Kosovo-Krieg hat er als Soldat auf Seiten der Serben gekämpft und musste deshalb mit seiner Familie nach Kriegsende aus dem Kosovo fliehen – eben nach Serbien. Und irgendwie hat er es geschafft, ein kleines Unternehmen zu gründen und ein bescheidenes Haus zu bauen und mit seiner damals sehr jungen und sehr schönen Frau die Kinder zu bekommen. Bis sich die serbische Mafia nach dem Krieg als Nutznießerin der europäischen Wirtschaftssanktionen als die eigentliche Macht im jungen serbischen Staate etabliert hat. Auch das weiß man überall, auch in Deutschland. Liljanas Mann sollte Schutzzölle an die Mafia zahlen, immer höhere, bis zu einer Million Euro. Und als er das nicht konnte, wurde seine Frau schwer misshandelt, das Haus zerstört, das Unternehmen zerschlagen, die Kinder bedroht. Liljana ist darüber sehr krank geworden, so krank, dass sie, seit sie vor gut drei Jahren mit der Familie nach Deutschland kam, ununterbrochen in psychiatrischer Behandlung ist. Was als Traumatisierte, die aus Serbien kommt und kein Wort Deutsch spricht, nicht so einfach ist.

Wir haben die Familie vor drei Jahren im Flüchtlingsheim kennengelernt, haben uns angefreundet, schließlich wurden wir Patinnen für die zwei kleinsten Mädchen Ceca und Ilinka.

Die ganze Familie wurde zu einem Fest eingeladen und wir wurden ganz offiziell nach Roma-Ritus zu »Kumas«: Den beiden Mädchen wurde jeweils eine kleine Locke abgeschnitten, die gemeinsam mit unseren Geschenken in kostbare Tücher eingewickelt und dann von der Mutter Liljana versteckt wurden. Diese Geschenke bekommen sie erst zur Hochzeit wieder, die Tücher sind dann ein Teil der Aussteuer. Dieses Symbol des »Haareabschneidens« hat eine lange Tradition auch in unseren Mythen und auch in der Bibel. Wer einem anderen Menschen die Haare abschneidet, hat ihm etwas von seiner Autonomie genommen – ist mit ihm oder ihr also eine bleibende Verbindung eingegangen. Die biblische Geschichte von Simson und Delila erzählt davon: Simson, ein unbezwingbarer Krieger im biblischen Israel, wird verführt von Delila, die zum Volk der Philister und damit zu Simsons Gegnern gehört. Delila nutzt einen verliebten Augenblick und schneidet dem Krieger die wilde Lockenmähne ab. Augenblicklich verliert er seine Kraft und kann nichts mehr tun. Dann aber wachsen die Haare nach und die Philister bereuen es sehr, dass sie ihm unfreiwillig eine Friseurin geschickt haben.

Die Lebenskraft also sitzt nach alten Vorstellungen auch und gerade in den Haaren. In der griechischen Antike ebenso wie bei jüdischen Orthodoxen und in christlichen Klöstern wird das Kopfhaar abgeschnitten als Zeichen dafür, dass die eigene Kraft einer höheren Macht – im jüdisch-christlichen Kontext also Gott – anvertraut wird. Aus demselben Grund opfern gläubige Hindus ihre Haare im Tempel als Zeichen der Hingabe an ihren Gott. Diese »Tempelhaare« werden dann vom Tempel teuer verkauft und sichern so dessen Existenz.

Das Volk der Roma kam, so wird vermutet, vor vielen Jahrhunderten vom indischen Subkontinent, es ist also durchaus möglich, dass das Ritual des Haareabschneidens von dort mitgebracht wurde. Jedenfalls ist es bedeutend, vielleicht mehr, als wir in dem Moment wirklich verstanden haben, als wir uns darauf einließen.

Denn eine Kuma ist, so wurde uns erklärt, eine nahe Familienangehörige, also wirklich so etwas wie eine Tante. Bei uns hatten Paten und Patinnen ja in früheren Zeiten auch einen ähnlichen Rechtsstatus, der sie den blutsverwandten Angehörigen nahezu gleichstellte. Seitdem also sind wir für die Kinder »Kumas« und so nehmen sie uns auch wahr – als Familienangehörige und bei den Roma bedeutet das sozusagen alles. Die Familie ist das wesentliche und sehr oft eben auch das einzige soziale Netz, das sie durch das Leben trägt. Wir sind nun mit der Familie verbunden und welche Folgen das hat, bekommen wir zurzeit schmerzhaft zu spüren.

Alle Kinder sind inzwischen gut integriert, gehen in die Schule, lernen gut, haben gute Zeugnisse, sind fröhlich und endlich frei von Angst.

Sie waren frei von Angst. Denn nun haben sie nach drei Jahren und vielen rechtspopulistischen Wahlerfolgen, nach viel Angst machender Stimmung durch die großen Parteien und vielen Drohungen von solchen, die meinen, immer zu kurz zu kommen, nach ganz rasanten Veränderungen in der bundesdeutschen Bevölkerung, die ich noch vor drei Jahren nicht für möglich gehalten hätte – nach alledem also hat die Familie nun den Ausreisebefehl bekommen. Oder einfach gesagt: Sie sollen abgeschoben werden.

Seitdem weinen die Kinder nachts vor Angst, wenn die Polizei unangemeldet durchs Haus läuft und diejenigen, die abgeschoben werden sollen, aus den Betten holen. Woran erinnert mich das? Ich dachte, das gäbe es nur noch im Film, jedenfalls sofern es sich um deutsche Polizisten handelt.

Seitdem läuft Liljanas Mann wie ein Schatten seiner selbst umher und kann nur mühsam seine eigene Todesangst verbergen. Seitdem zittert Liljana wieder und kann nicht mehr atmen und will nur noch sterben. Inzwischen haben ihr drei ausgewiesene Neurologen und Psychiater sowie eine Klinik attestiert, dass sie wirklich schwer krank ist und nicht reisefähig. Der inzwischen beauftragte Anwalt macht uns gleichwohl wenig Hoffnung, denn Serbien sei ein sicheres Herkunftsland und dass sie eine Roma-Familie sei, spiele dabei keine Rolle. Zu manchen Fragen ist man sich über die Landesgrenzen hinweg einig. Die hört sich etwa so an: Roma sind unwichtig und störend, also ist die Tatsache, dass sie in Serbien und im Kosovo verfolgt werden, ebenfalls unwichtig und störend. Nein, für die Menschen, die sich diese Gesetze ausdenken, spielt das wohl keine Rolle, dass Liljana, ihr Mann und Ihre Kinder den Tod fürchten, wenn sie abgeschoben werden. Für Liljana und ihre Familie kann die Belastung gar nicht größer und grausamer sein.

Wir wissen im Augenblick alle nicht, ob die Kinder, ob Liljana und ihr Mann noch hier sein werden, wenn dieses Buch erscheint. Auch nicht, wo sie sein werden, wenn sie nicht hier sein werden. Ob sie sein werden.

Und wieder und noch viel stärker: diese Ohnmacht. Manchmal habe ich das Gefühl, dass die Ohnmacht größer wird, je länger ich mit Menschen lebe und arbeite. Ich gewöhne mich nicht an das Leid. Sicher kenne ich Strategien und nutze sie auch, damit nicht jedes Leiden sich festsetzt in meinen Gedanken und Gefühlen. Auch ich bemühe mich, immer wieder Dinge zu tun, die mir wirklich wohltun, versuche, meine Seele zu entspannen, neu erfüllen zu lassen mit Hoffnung, Licht und Frieden. Mit Liebe.

Aber es ist auch so, dass die Ohnmacht schwer auszuhalten ist. Manchmal legt sie sich wie ein graues, nasses Tuch um die eigene Seele und es gibt Augenblicke, da möchte ich mich einfach verkriechen und nichts mehr hören und nichts mehr sehen. Nichts mehr fühlen am besten. Wenn dieser Zustand wieder einmal erreicht ist, dann ist es am besten, auch genau das zu tun – wenigstens für ein paar Stunden und möglichst bald, sonst legt sich besagtes nasses Tuch bald nicht mehr wie ein Tuch um die Seele, sondern verhärtet zu einem Panzer um das eigene Herz. Diesen Panzer dann zu brechen, ist ungleich schwerer als ein paar Stunden wirkliche Ruhe zu finden. Wenn Panzerzeit ist, muss ich zu meiner Freundin Alienor gehen und mir von der dunkelblauen Kraft erzählen lassen, die diesen Herzpanzer von innen auflöst. Wenn ich Alienor frage, welche Kraft da eigentlich wirkt, sagt sie einfach – ich lebe nur.

Ja, das kann sie: Leben in dem, was ist. Und nicht nur warten auf das, was nicht ist. Zum Beispiel darauf, dass Britta sich nicht mehr schneidet und wirklich glücklich wird und dass Liljana, ihre Kinder und ihr Mann hierbleiben können und keine Angst mehr haben müssen, nie mehr. Oh ja, Alienor wartet auch darauf, so wie ich – aber sie macht ihr Lebendigsein nicht davon abhängig. Sie lebt ganz in dem, was ist. Ohne Bedingungen zu stellen. Das kann sie.

Als Letztes gehe ich mit Alienor noch zu dem Mann vor dem Bahnhof. Der Mann – nennen wir ihn Micha – wohnt dort sozusagen. Er hat immer seine großen Tüten dabei, außerdem einen Schlafsack, eine Decke, manchmal etwas zu trinken. Und seinen Pappteller. Anders als Rosana hat er keine Schale, sondern eben einen Teller.

Micha ist hier jedem bekannt, vor allem deshalb, weil auch er uns wieder und wieder unsere Ohnmacht vor Augen führt. Denn Micha, obwohl er ein großer und kräftiger Mann ist, führt uns allen allein durch sein Dasein die Grenzen unserer Hilfsmöglichkeiten vor Augen.

Micha hat ein verletztes Bein. Ich weiß nicht genau, was er hat, aber es muss eine langwierige Verletzung sein, mit der er monatelang im Krankenhaus war. Vermutlich verheilt die Wunde oder verheilen die Wunden nicht. Dann kommt er wieder und sitzt nun da mit seinem Verband. Inzwischen ist es

Dezember geworden, es wird kalt. Immer wieder bringt ihm jemand etwas zu essen, eine Decke. Immer wieder fragt ihn jemand, wie man ihm helfen kann. Ich habe das auch getan. Habe ihn gefragt, wo er denn schliefe – und er nannte mir zwei Stellen, alle draußen, ohne Dach und Heizung. Dann fragte ich ihn, ob er denn von den vielen Einrichtungen für Obdachlose in unserer Stadt wisse, wo er hingehen könne, um dort wenigstens die Nacht zu verbringen und ein Frühstück zu bekommen. Natürlich kannte er die, zählte mir tatsächlich mehrere auf und sagte, er habe aber kein Geld dafür.

Nun ja… Da weiß ich aber, dass das nicht der einzige Grund sein kann, denn Micha ist hier bekannt, wir leben in einem relativ wohlhabenden Bezirk, die Menschen geben ihm Geld. Jeden Tag. Das würde reichen für den Schlafplatz. Manche Unterkünfte erwarten einen Eigenbeitrag der Gäste, auch weil damit ein Stück der eigenen Würde bewahrt bleibt. Es gibt auch noch den Kältebus der Berliner Stadtmission, der würde Micha auch abholen und in ein Quartier bringen, ganz ohne Geld. Eben hatte ich ihm wieder zwei Euro gegeben, wie so oft, wenn ich ihn treffe. Als ich Micha vorsichtig frage, ob er denn vom Kältebus weiß und ob er nicht doch das Geld für die Übernachtung aufbringen kann, erklärt er mir ausführlich, warum die Zustände in den Einrichtungen für ihn nicht erträglich sind. Die Enge, die fremden Menschen, die Ausländer. Das sagt er wirklich. Die Ausländer. Da ist wieder mein großer Irrtum, dass Menschen im Elend sich solidarisieren. Tun sie nicht, nicht automatisch. Genauso wenig wie die, die nicht im Elend leben. Solidarität ist eine Frage der Haltung, nicht des Geldbeutels. Wahrscheinlich ist das der größte Irrtum des Kommunismus: dass arme und ausgebeutete Menschen automatisch solidarisch und verteilungsgerecht und liebevoll und rücksichtsvoll sind. Sind sie nicht. Nicht unbedingt. Und die es sind, sind es auch, wenn sie nicht arm sind.

Also gut, Micha will nicht in eine Notübernachtung und das liegt nicht am fehlenden Geld. Er findet es wirklich angenehmer, nachts im Winter draußen zu schlafen, allein und von anderen ungestört. Das andere Problem aber ist sein Bein, damit muss er wöchentlich zum Verbandswechsel ins Krankenhaus. Nun zahlt aber keine Kasse mehr und das Krankenhaus will ihn auch nicht mehr behandeln. Ich versuche noch einmal, ihm die Unterstützung durch die verschiedenen diakonischen und karitativen Einrichtungen aufzuzeigen: Denn dort bekommt er auch medizinische Betreuung und kostenlose Beratungen durch Sozialarbeiter, die ihm helfen können, einen längerfristigen Ausweg aus der Situation zu finden. Ich rede dringend auf ihn ein. Denn im letzten Winter ist hier, in unserem so schönen und ordentlichen Bezirk ein Obdachloser erfroren. Vor aller Augen, am Bahnhof. Da lag er immer abends und morgens und wir alle haben uns an ihn gewöhnt und deshalb dauerte es bis zum späten Vormittag, dass jemand merkte, der Schläfer steht nicht mehr auf. Da war er dann schon viele Stunden tot. Wir waren damals fassungslos. Über diesen Kältetod an sich, mehr noch aber darüber, dass wir alle, die wir hier wohnen, die Situation derartig verkannt hatten. Auch ihm haben wir damals immer geholfen, mit Geld, mit Kaffee und belegten Brötchen, mit Decken und Jacken. Das alles hat aber nicht gereicht.

Mit Micha erlebe ich eine Art Déjà-vu. Bitte nicht noch einer. Deshalb versuche ich ihn zu überreden, sich doch bitte, bitte helfen zu lassen. Aber auch hier: Meine Worte haben zu wenig Kraft. Sein Wille ist viel stärker. Und er will es genauso haben, wie es jetzt ist. Durch sein Dasein erinnert mich Micha ebenso wie Liljana und Britta und all die anderen, die ich Tag für Tag treffe, dass unser geordnetes Leben eigentlich nicht so geordnet ist, wie es scheint. Dass sich unter unserer Maske der kulturellen Beflissenheit und der kreativ gestalteten Lebensräume manchmal Abgründe verbergen. Die wir und ich mit nichts füllen können. Außer, indem ich ihnen nicht ausweiche.

Der französische Mathematiker und Philosoph Blaise Pascal hat einmal gesagt: In jedem Menschen gibt es einen Abgrund, den kann man nur mit Gott füllen. Dieses Wort ist eines meiner wesentlichen »Lebensworte«, Worte also, die mir beim Leben helfen. Auch dabei, das Leben zu ertragen, wie es sich manchmal darbietet. Bei Britta und Liljana und Micha fällt es mir wieder ein, dieses Wort. Ich sehe die Abgründe, fühle meine eigene Ohnmacht und kann nur den lebendigen Gott bitten, dass ER (ja, du hast recht, Alienor: auch SIE) sich in diese Abgründe hineinbegibt und sie erfüllt mit Hoffnung und Liebe. Ich wünsche mir so sehr, dass all diese abgründigen Menschenkinder wissen, dass sie nicht allein sind, sondern gehalten von einer Liebe, die sie niemals verlässt. Was immer auch geschieht.

Mehr kann ich nicht tun.

Alienor und ich gehen nach Hause, schweigend. Kurz bevor ich mich von ihr verabschiede, nimmt sie meine Hand und legt etwas sehr Leichtes, Weiches hinein. Für deinen Teppich, sagt sie. Als ich die Hand zu Hause öffne, liegt ein dunkelblauer Seidenfaden darin – ein nachtblauschimmernder Mittwochsfaden.

Der Ruf des Oropendola

Als würde er sich, verrückt vor Sehnsucht und Liebe, in den Abgrund stürzen. Tollkühn lässt er sich nach vorne fallen, schreit seinen dunkel-hallenden, seltsam runden und rollenden Schall in den lichten Himmel und fängt im letzten Augenblick seinen Fall ab mit starken Füßen, die sich um den Ast festgekrallt haben. Seine leuchtendgelben Schwanzfedern blinken durch die tropischen Blätter, blitzen für einen Augenblick am weitblauen Himmel wie ein Sonnenstrahl, weithin sichtbar. Dann schwingt er zurück, schaut mit seinen schwarzen Augen in weißem Gesicht triumphierend umher. Habt ihr mich gesehen? Habt ihr mich gehört? Findet ihr mich schön, ihr Wesen von Solentiname? Dann her zu mir!

Der Oropendola, groß wie ein Eichelhäher, schokoladenbraun mit goldgelbem Schwanzgefieder und weißer Gesichtsmaske. Jeden Morgen, ganz früh, habe ich auf ihn gewartet und er hat mich nicht lang warten lassen. Mit seinem so dunklen Lachen, lockend und verzaubernd, wurde er für mich zum Klang von Solentiname, dem Archipel im Großen See von Nicaragua.

Auf Mancarrón, der größten Insel dieses Paradieses, hat der Priester, Poet und Politiker Ernesto Cardenal mit den dort lebenden Bauern- und Fischerfamilien 1966 eine christliche Kommunität gegründet, gesandt von Thomas Merton, der sein Abt und geistlicher Lehrer in seinem Trappistenkloster in Kentucky war.

Sie haben Hütten gebaut und eine wunderschöne, bescheidene Kirche, sie haben jeden Tag miteinander in der Schrift gelesen, sie haben darüber geredet und gefragt, was das mit ihnen zu tun hat, sie haben geteilt, was sie hatten: Liebe und Besitz, Arbeit und Poesie, Bildung und Kunst, Schönheit und Zorn, Verzweiflung und die unverschämte Hoffnung auf eine

Zukunft, in der alle Menschen bekommen, was sie zum Leben brauchen – wie es geschrieben steht in der Schrift, in der Geschichte der ersten christlichen Gemeinden.

Hier, auf Mancarrón, haben die Companeras und Companeros für kurze Zeit gelebt, was geschrieben steht: Die Liebe Gottes und die Gerechtigkeit für die Menschen gehören zusammen. Die Lektüre des Evangeliums hat die Gruppe zu Gottesliebenden und zu Revolutionären gemacht. Denn das Evangelium der Liebe Gottes ist geschrieben für diese Welt und nicht für ein jenseitiges oder nur innerlich verstandenes Privatquartier der eigenen Seele.

Die ersten Schwestern und Brüder der Communidad waren wohl auch entfernte Nachfahren des Oropendola – übermütig, schön, geborgen in der Schöpfungsharmonie Gottes und daraus in jeder Hinsicht umwerfend mutig. Weil sie geglaubt haben, dass das Evangelium die Welt, in der wir leben, verändern kann und verändern soll.

Der Oropendola wurde zu meinem Lieblingsvogel. Solentiname zu unserem heimlichen Paradies in dieser Welt.

Die Sehnsucht Gottes nach uns Menschen wurde mir zur Antwort auf unsere Frage nach Seiner Gegenwart in dieser Welt.

Wenn ich frage: »Wo bist du, Gott?«, höre ich die Frage, die schon der erste Mensch im ersten Paradiesgarten gehört hat: »Und wo bist du, Mensch?«

Wir beide, Gott und Mensch, können nur gemeinsam und vereint wirken in dieser Welt, denn in diese Welt sind wir gesandt und für diese Welt hat ER, der Lebendige, uns sein Wort anvertraut. Dass wir daraus leben, dass wir kämpfen gegen alles, was das Leben und die Liebe in dieser Welt einschränkt und tötet und dass wir von der Schönheit Gottes in dieser Welt künden.

Wir, die »Weggemeinschaft Solentiname«, leben in Berlin. Hier gibt es keine Oropendolas und Ernesto Cardenal lebt in Nicaragua.

Aber wir leben aus derselben Sehnsucht, wir lesen dieselbe Schrift, wir feiern dasselbe Mahl und sehnen uns, wie die ersten Solentiname-Geschwister, nach Gerechtigkeit, Frieden und Liebe für alle Menschen in dieser Welt.

Einmal in der Woche treffen wir uns in unserer Hüttenkirche. Einen Gartenschuppen haben wir dazu umgebaut, weil es in der Offenbarung des Johannes heißt: »Siehe da, die Hütte Gottes bei den Menschen« (Offb 21). Immer schon habe ich mir so eine Hüttenkirche gewünscht und nun dürfen wie in einer leben und feiern.

Wir lesen miteinander die Bibel und diskutieren den Predigttext, der jeweils für die Woche dran ist. Es gibt keine Predigt, denn jede und jeder kann das Wort Gottes verstehen und aus dem eigenen Leben und Erleben damit umgehen. Fragen stellen, Zweifel haben, nach Antworten tasten, neue Fragen stellen, Augenblicke der Wärme spüren, Schmerz teilen, Hoffnung beleben, wenn möglich. Immer singen wir und immer beten wir unser Solentiname-Gebet, in dem wir für Menschen und Anliegen beten, die uns wichtig sind. Dann feiern wir Abendmahl, immer. Denn näher ist uns Jesus Christus nicht gekommen als in diesem Mahl, in dem er sich uns selber schenkt. Wir feiern dieses Mahl in ganz schlichter Form und wenn Gäste da sind – wir sind eine offene Gemeinschaft, jede und jeder ist willkommen –, fragen wir nicht nach Bekenntnis, Konfession oder Glauben. Jeder und jede ist eingeladen. Alle gemeinsam stellen wir uns unter den Segen Gottes, der uns geleiten möge.

Nach dem »Hüttengottesdienst« essen wir gemeinsam. Jede und jeder, die kann und die möchte, bringt etwas mit, es reicht immer. Und wer nichts zu essen mitbringen kann, ist auch willkommen. Denn er oder sie bringt sich und ihr Leben mit und das ist viel.

Als Gemeinschaft »Solentiname« haben wir auch einen Verein gegründet, denn unser Glaube und unsere Gemeinschaft soll nicht nur uns gut tun, sondern auch anderen, die all das nicht haben. Wir sammeln Spenden für Kinder hier in Berlin und in Nicaragua deshalb, weil sich unsere Gemeinschaft durch den Kontakt mit Ernesto Cardenal gegründet hat. Seine Eltern konnten ihm keine ausreichenden schulischen und außerschulischen Bildungsmaßnahmen ermöglichen. So finanzieren wir Berliner Kindern die Teilnahme an Klassenfahrten, Sport-, Musik-, Kunstunterricht, oder was sie eben mögen an unterstützenden Aktivitäten. Wir finanzieren Kindern in Nicaragua ihren gesamten Ausbildungsweg bis zum Abschluss eines Studiums oder eines Lehrberufes und begleiten sie und ihre Familien so zur Selbsthilfe. Wir unterstützen einen Kindergarten samt Vorschule in einem der Armenviertel Nicaraguas, indem wir die Ausbildung und das Gehalt einer Lehrerin und einen Anbau finanzieren. Und wir staunen dankbar, dass Menschen uns dafür Geld spenden und es gern tun. Glaube will konkret werden.

Ich glaube, dass Jesus seine Worte der Bergpredigt nicht nur »innerlich« gemeint hat. Er möchte wirklich, dass wir unsere Güter teilen. Ich glaube wirklich, dass die Tora – also die Heilige Schrift der Juden, die auch unsere Heilige Schrift ist – und die Propheten des Volkes Israel es ganz ernst meinen, wenn sie immer und immer wieder im Namen Gottes zu Frieden und zur Gerechtigkeit aufrufen – die eben auch eine Verteilungsgerechtigkeit sein muss, wenn es wirklich Frieden auf der Welt geben soll.

Ich glaube wirklich, dass wir mit dem Evangelium in der einen Hand und mit der Zeitung in der anderen Hand in unserer Welt leben und handeln sollen, wie es der große Theologe Karl Barth sagte. Ein Glaube ohne Werke ist ebenso fruchtlos wie Werke ohne Glauben.

Ich glaube, dass Menschen wie Ernesto Cardenal, Oscar Romero, Leonardo Boff, Dorothee Sölle (es gibt noch viel mehr

Frauen, aber leider ist bisher keine so bekannt geworden wie sie), Ulrich Duchrow und viele, viele andere die Worte Jesu gut verstanden haben, der uns immer wieder auffordert, im Namen Gottes ein gemeinsames Leben mit allen Menschen zu ermöglichen – mit allen, den Armen, den Ausländern, den Geflüchteten, denen, die anders aussehen, anders sprechen, anders heißen, anders glauben, anders lieben. Mit allen. Wir haben die Möglichkeiten, die materiellen sowieso, die ideellen auch. Wir haben sie in der Schrift, wir haben sie in unseren »Schatzhäusern« und wir haben das Wort Jesu von der Liebe zu allen Menschen, mit denen wir unser Leben, unser Hab und Gut, unsere Zeit und unsere Hoffnung teilen sollen. Ohne Bedingung und ohne Ausnahme.

Lange bevor ich mich selber taufen ließ, lebte ich als Studentin im damaligen Berlin-Kreuzberg und kam auf dem Weg zur U-Bahn oft an der großen Heilig-Kreuz-Kirche vorbei. Eines Morgens hatte ein mutiger Mensch an die Kirchenwand in großen Buchstaben geschrieben: »Jesus war der erste Kommunist«. Mag sein, dass der Mutige ein bisschen provozieren wollte. Dennoch hat er etwas sehr Wahres gesagt. Jesus wollte die Gemeinschaft (lat. communio) aller Menschen und er wollte sie in Liebe.

Es ist kein Zufall, dass Karl Marx Jude war – er kannte die Heilige Schrift, die vom gemeinsamen Leben der Menschen erzählt.

Ja, der politische Kommunismus verzichtet auf die Mitwirkung Gottes in diesem Versuch. Darin werden wir uns immer unterscheiden, denn ich glaube nicht, dass wir diese Gemeinschaft ohne die Hilfe Gottes schaffen können. Aber mit ihr sollen wir es versuchen und dürfen uns diesem Versuch nicht entziehen – so oft wir auch scheitern mögen damit. Insofern: Ja, Jesus, der Sohn Gottes, war sich mit Karl Marx in vielem einig.

Und es hat mich durchaus fröhlich gestimmt, dass wir, die wir die Hoffnung auf eine gerechte und friedliche Welt in der Liebe Gottes nicht aufgeben wollen, aktuell einen sehr prominenten Fürsprecher haben. Die Zeitung »Junge Welt« zitierte am 15.11.2016 auf Seite 8 ein Interview mit Papst Franziskus, in dem dieser sich zu den Fragen eines Journalisten der italienischen Zeitung »La Repubblica« äußerte.

Mit großer Zustimmung und Dank nehme ich diese Worte des Papstes hier auf und bin ihm dafür sehr herzlich verbunden!

Am Wochenende sorgte ein Interview im Internet für Furore, das Papst Franziskus einem Journalisten der italienischen Zeitung La Repubblica gegeben hatte und das am Freitag veröffentlicht wurde. Eugenio Scalfari gab gleich zu Beginn seines Artikels zu Protokoll, dass er sich mit dem Chef der katholischen Kirche am 7. November getroffen habe. Ausgerechnet am 99. Jahrestag der Oktoberrevolution?

Der Interviewer sprach den Pontifex auf dessen Losung an, aus dem »Liebe deinen Nächsten wie dich selbst« müsse heute ein »mehr als dich selbst« werden:

»Sie erhoffen sich also eine von der Gleichheit beherrschte Gesellschaft? Wie Sie wissen, entspricht das dem Sozialismusprogramm von Marx und dann des Kommunismus«, hakte Scalfari nach. »Denken Sie also an eine Gesellschaft marxistischen Typs?«

Gemeint war nicht der Münchner Kardinal Reinhard Marx, das machte die Antwort des argentinischen Comandante aller Katholiken deutlich: »Es sind die Kommunisten, die wie die Christen denken. Christus sprach von einer Gesellschaft, in der die Armen, die Schwachen, die Ausgegrenzten entscheiden. Nicht die Demagogen, nicht die Barrabasse, sondern das Volk, die Armen (…). Ihnen müssen wir helfen, damit sie Gleichheit und Freiheit erreichen.«

Scalfari, überzeugter Atheist und ehemaliger Abgeordneter der Sozialistischen Partei, ist offenkundig geplättet.

»Eure Heiligkeit, ich habe immer schon gedacht und geschrieben, dass Sie ein Revolutionär und sogar ein Prophet sind …«

Aber keine Sorge, ein neuer Camilo Torres – der in den 60er-Jahren in Kolumbien die Priesterkutte gegen die Uniform der Guerilla tauschte – wird Genosse Francesco wohl nicht. Von Kampf und Krieg will er nichts wissen, die Macht der Liebe und des Glaubens soll es richten. Müssen wir die Revolution also doch selber machen.

Aber wenn er uns dabei hilft – bienvenido, camarada!

Oh ja, bienvenido, camarada papa! Ich bin sicher, der Oropendula schlägt Purzelbäume vor Glück! Und ich auch, jedenfalls im Herzen.

V.

Köpenicker Chaussee

Ein grelles, kreischendes Klirren reißt mich aus meinen Halbschlaf, eher eine Sirene als der Signalton einer Straßenbahn. Alles an dieser Straßenbahn ist ungewohnt und wenig einladend – die harten Holzsitze, die allerdings durch meinen Vater abgepolstert werden, auf dessen Schoß ich sitze. Ein Geruch liegt in der Luft, der Geruch nach Braunkohle und einem bestimmten Putzmittel vielleicht. Vor allem aber diese gellende Klingel, vor der ich mich jedes Mal fürchte, wenn wir hier einsteigen. Dennoch kann ich nicht verhindern, jedes Mal einzuschlafen, wenn wir in diesem ratternden Vehikel sitzen und zurückfahren. Es ist einfach zu spät am Abend und ich bin zu klein, um die Augen offen zu halten. Bis der nächste Angriff auf meine Ohren ausbricht und mich hochschrecken lässt.

Irgendwann steigen wir endlich aus. Ich hänge weiter schlaftrunken auf den Armen meines Vaters, bekomme von der Prozedur an der Grenze nicht allzu viel mit. Vielleicht sind die Grenzposten so spät am Abend ja auch freundlicher. Vielleicht rührt sie ja auch das müde Kind. So etwas gibt es ja, hier auch, auch an dieser Grenze. Nach noch einer halben Stunde Autofahrt werde ich in mein eigenes Bett gebracht, in einer so sehr anderen Stadt, in der es so anders riecht.

Wir sind nur 32 Kilometer entfernt von dort, woher wir kommen. Dank des im Internet verfügbaren Routenplaners ist die Strecke von damals leicht zu rekonstruieren: etwas mehr als 10 Kilometer von der Köpenicker Chaussee 26 bis zum Grenzübergang Bernauer Straße – diese Strecke sind wir vermutlich mit jener unvergesslichen Straßenbahn gefahren – dann noch mal etwas mehr als 7 Kilometer bis nach Hause in die Gotthardstraße. Von Köpenick nach Reinickendorf. Vom Südosten Berlins in den Norden, aber doch immer nah an der Innenstadt – Berlin hat weitaus größere Entfernungen innerhalb der (heutigen) Stadtgrenzen zu bieten. In Köpenick, in der Chausseestraße 26 hat meine Oma gewohnt. Und nicht nur sie.

Bilder stürzen auf mich ein, wenn ich diesen Satz so schreibe und ich merke, dass ich schon minutenlang auf den Bildschirm starre, ohne einfach weiter zu erzählen. Hier ist, ich ahne es, eine wesentliche Nahtstelle im Gewebe dieses Buches, dieser Geschichte, meines Lebens auch und damit des wunderfeinen Teppichs, der hier gesponnen und geknüpft werden soll. Widerhaken, Luftmaschen, zerrissene Fäden – Verknotungen und ein Knotenpunkt in jeglicher Bedeutung.

Auf welcher Ebene soll ich hier weiterschreiben? 1945? 1959? 1969? 2016? Verdichtungen.

Welches Bild ist das stärkste? Doch wohl das von 1945. Weil es so tragisch und zugleich so allgemeingültig ist. Und weil es so viel erzählt über eine ganz normale Familie in dieser Stadt. Und weil es so wahr ist und wahr bleibt durch die Generationen, die später kamen. Vielleicht erklärt sich mit diesem einen, einzigen Bild so vieles, was hier geschieht in dieser Stadt, in unserem Land.

Es war also 1945, so wird glaubhaft berichtet. Es wird, so genau ist das nicht rekonstruierbar, Spätsommer oder Herbst gewesen sein. Noch nicht ganz kalt, aber zum draußen Übernachten nicht warm genug.

Der Krieg ist schon seit ein paar Monaten zu Ende, die Stadt ein Trümmerfeld. Die Menschen hungern, die Menschen schweigen, die Menschen vergraben ihre Geschichte ganz tief in unzugänglichen Erinnerungsschächten, aus denen sie heute oft unkontrolliert hervorbrechen, wenn die Stollen einbrechen, in die diese Erinnerungen verbannt sind. Ich erlebe dergleichen oft in den Altenheimen und Krankenhäusern. Alte Menschen werden heimgesucht, ja überschwemmt von den verbannten Erinnerungen, sind ihnen wehrlos ausgeliefert, ertrinken im Strudel der Zeiten und Bilder. Spätestens, wenn das eigene Gehirn nicht mehr steuerbar ist, sondern gänzlich eigene Entscheidungen trifft. Manchmal schon früher. Die Menschen im

Spätsommer 1945 wollten sich nicht mehr erinnern, nur leben. Manche nicht einmal mehr das.

Zu diesen letzten gehörte meine Oma. Und ihre Geschichte ist eine von Hunderttausenden, vielleicht Millionen solcher Geschichten, gar nichts Besonderes. Das muss man wissen und sich merken. Man versteht sonst diese Stadt nicht. Dieses Volk ebenfalls nicht.

Meine Oma also kam etwa im Spätsommer 1945 auf der Köpenicker Chaussee an. Sie zog einen brüchigen Handwagen hinter sich her. Darauf waren ein paar Lumpen und das jüngste Kind, zu dieser Zeit noch kein Jahr alt. Daneben laufen und stolpern die drei anderen: der Älteste elf Jahre alt, dann die Tochter mit acht Jahren, die später meine Mutter wird, der zweitjüngste Sohn, sieben Jahre. Und eben der nicht mal einjährige Nachzügler auf dem Wägelchen. Eine trägt meine Oma, die zu diesem Zeitpunkt gerade 36 Jahre alt ist, im Herzen: ihre ältere Tochter. Die wäre jetzt 10 Jahre, wenn sie denn noch dabei wäre. Sie starb aber schon mit fünf Jahren an Diphterie, mitten im Krieg. So war das damals. Dadurch blieb ihr vielleicht auch manches erspart. Die Evakuierung nach Ostpreußen zum Beispiel, ganz an den östlichsten Rand vom damals sogenannten tausendjährigen Reich, dass Gott sei Dank bereits nach 12 Jahren aufhörte, ein deutsches Reich zu sein. Zuvor aber, vor der »Kapitulation«, wie die einen sagen oder der Befreiung, so die anderen – und auch an diesem unterschiedlichen Sprachgebrauch werden die beiden Deutschlands dann später zu unterscheiden sein –, zuvor aber musste meine Oma mit ihren verbliebenen zunächst drei, dann vier Kindern eben in Coatjuthen, heute Katyciai, etwas nördlich von Tilsit, auf ihr Überleben hoffen. Ich habe dieses ehemals ostpreußische, inzwischen litauische Dorf in diesem Sommer besucht und bilde mir ein, manches wiedererkannt zu haben. Meine Mutter, damals also zwischen sechs und acht Jahren alt, hat da gelebt und hat erzählt vom Spiel am kleinen Fluss Sziesze.

Den jedenfalls habe ich gefunden, ebenso wie jenes Dorf mit dem klangvollen Namen Coatjuthen/Katyciai. Gutshöfe gibt es dort ebenso wie kleine Hütten, verfallen sind heute alle beide. Und doch bewohnt. Die Menschen, die heute da leben, stellen keine großen Ansprüche. Oder können sie nicht umsetzen. Auch der kleine Friedhof ist erhalten, auf dem manche der zerbrochenen Steine und Kreuze deutsche Namen tragen. Da also waren sie, meine Mutter und ihre Brüder mit ihrer Mutter, haben gespielt und gelitten unter der harten Wirtin, aber doch eben auch fröhliche Stunden erlebt. Und diesen seltsamen Menschenzug in gestreiften Kleidern gesehen, der durch das Dorf getrieben wurde. Meine Mutter wurde verprügelt, weil sie zu nah herangegangen war an diese »gestreiften« Menschen – verprügelt von ihrer eigenen Mutter, meiner Oma, die in Angst verging um ihre Kinder. Es wurden auch deutsche Kinder erschossen, die zu viel sahen von der Vernichtung der Juden. Man weiß das heute. Meine Mutter hat es damals nicht verstanden, die Prügel und die bebende Angst ihrer Mutter. Ich habe inzwischen nachgeforscht: Ja, es gab mehrere sogenannte KZ-Außenlager um das Dorf herum. Meine Mutter wird sie gesehen haben, die Häftlinge auf ihrem Marsch.

Meine Oma hat es gewusst, das glaube ich schon. Sie war ja eine von denen, die mitverantwortlich waren, bevor sie begriff, was da wirklich geschah. Da war sie dann aber schon selbst eine Verfolgte, verfolgt von der russischen Armee und auf der Flucht mit kleinem Handwagen und den inzwischen vier Kindern. Bis heute bleibt mir unklar, wo sie das Jüngste eigentlich her hat. Der Vater der Kinder, so hieß es immer, habe seine Frau mit den Kindern in Ostpreußen alleingelassen. Irgendwann muss er doch da gewesen sein, denn das jüngste Kind sieht ihm ähnlich, diesem entschwundenen Großvater.

Meine Oma war also wie hunderttausend andere auf der Flucht, inzwischen gibt es Filme und Bücher über diese Flucht der Frauen und Kinder aus Ostpreußen. Ungezählte – Frauen, Kinder und Bücher. Alle wahr, zugleich alle falsch, weil jede Geschichte einmalig ist.

Nach monatelangem Weg zu Fuß, Gefahren, Verletzungen, Verschwiegenem schleppten sie sich also – wir kommen wieder an in unserer Geschichte – bis zur Köpenicker Chaussee, in der die Oma als junge Frau zuvor schon gewohnt hatte mit den Kindern. Sie hat es bis zur Mitte der Chaussee geschafft und setze sich dann hin, schluchzte und befand, dass sie nun keinen Schritt mehr weiter gehen würde. Meine Mutter, die Achtjährige, und ihre Brüder flehten die Mutter an, weiterzugehen. Sie versuchten zu schieben und zu ziehen, aber da war nichts mehr zu machen, sie blieb sitzen, weinte und rührte sich nicht mehr. Was zu viel ist, ist zu viel.

Es kam dann ein Mann aus der Nachbarschaft, der die Frau und die Kinder wiedererkannte. Der brachte es irgendwie fertig, sie zum Aufstehen zu ermutigen und begleitete sie zu ihrer ehemaligen Wohnung. Die stand noch wie auch alle Häuser drumherum in dieser prestige- und geschichtsträchtigen sogenannten »Gaswerksiedlung« des Kraftwerks Klingenberg. Auch hier: rote Backsteinhäuser, dreigeschossig, in den 20er-Jahren gebaut für die Arbeiter und Angestellten des Kraftwerks Klingenberg. Eine besondere, schöne Architektur für einen besonderen Zweck, noch heute erhalten an derselben Stelle und heute als Denkmal Gegenstand heftiger Auseinandersetzungen zwischen den Eigentümern und der Stadt. Warum meine Oma dort eine Wohnung hatte, weiß ich nicht. Vor dem Krieg wird sie kaum im Kraftwerk gearbeitet haben, das hatte sie gewiss nicht nötig. Es werden ihre guten Beziehungen gewesen sein, die ihr ein damals so bevorzugtes Leben ermöglicht haben. Nach dem Krieg und nach dem »Zusammenbruch« des Landes und ihrem ganz persönlichen auf der Köpenicker Chaussee war sie dann eben auf dieses Kraftwerk angewiesen. Denn als Frau ihres

Mannes, der als gefragter Architekt der nationalsozialistischen Architektur mit Hingabe diente, und als Schwester ihrer fünf SS-Funkionärsbrüder musste sie »entnazifiziert« werden. Und weil sie vier Kinder, aber nun wirklich keinen Mann mehr hatte, durfte sie dabei in der Nähe ihrer Wohnung bleiben und im besagten Kraftwerk als Pförtnerin arbeiten. Jahrzehntelang, bis zu Verrentung. Geboren zu Beginn des Jahrhunderts in vornehmem Haus als Tochter eines Großkaufmanns im Rigaer Edel-Quartier Kaiserwald (im westlichen Norddeutschland wären die Buddenbrooks wohl vergleichbar), in Hannover als junges Mädchen auf der Kunstakademie, im Berlin der 30er-Jahre als einflussreiche Architektengattin, im Ostberlin der 40er-Jahre und bis zuletzt Pförtnerin im Kraftwerk Klingenberg. Gestorben am Ende desselben Jahrhunderts in Buch, arm und allein. Wir sprachen schon darüber. Eine ganz normale Frauenbiografie im Deutschland des 20. Jahrhunderts.

Als ich ein kleines Mädchen war, lebten meine Eltern und ich im dann schon durch Mauer und Stacheldraht abgetrennten Westteil der Stadt. Sie hatten sich in den späten 50er-Jahren ebenfalls in der Köpenicker Chaussee kennengelernt. Ich verdanke dieser Straße, die an sich keine schöne ist, also durchaus sehr viel.

Seit ich wieder in Berlin lebe, fahre ich oft auf der Köpenicker Chaussee an der Gaswerksiedlung und damit an der Kindheitswohnung meiner Mutter vorbei. Das hätte ich nicht gedacht, dass ich einmal so nah an den Anfängen meiner direkten Herkunftsfamilie zu Hause wäre.

Oft schon habe ich angehalten und an der Haustür des inzwischen leeren, weil von der Firma Vattenfall entmieteten Hauses gepocht. Manchmal ließ sie sich öffnen und ich betrat ein verfallenes Treppenhaus. Im ersten Stock dann die Wohnung, auch hier stehen die Wohnungstüren offen, die Tapeten abgerissen, die Dielen in den Wohnungen zerbrochen. Ein alter

Zähler hängt noch im Flur, aber ich bilde mir nur ein, auf den kleinen Schildern daran die Handschrift meiner Oma zu erkennen. Stehe wieder im Wohnzimmer und in der Küche, in der ich als kleines Kind mit meinen noch kleineren Cousins und Cousinen gespielt habe. Falls wir unsere Scheu überwinden konnten, die wir jedes Mal nach der monatelangen Trennung wieder überwinden mussten. Ich rieche den besonderen Geruch eines bestimmten Putzmittels und die Nähe des unmittelbar benachbarten Kraftwerkes Klingenberg. Ja, hier war es, wo Familie begann und auch wieder zerbrach.

Meine Eltern lernten sich also hier kennen, sehr jung, heiraten knapp einen Monat, bevor die Mauer geschlossen wurde. Damals lebten die Jungvermählten in einer Wohnung im Westen der Stadt, in Reinickendorf, wo die Familie meines Vaters lebte. Und so wurden wir, was so viele Berliner Familien eben sind: getrennt. Die Angehörigen meiner Mutter im Osten: Ostberlin und Wittenberg. Die Angehörigen meines Vaters im Westen: Westberlin, Hamburg, zeitweise sogar Schweden.

Es gab so keinen wirklichen Frieden. In der Stadt sowieso nicht, in vielen der so getrennten Familien auch nicht. Missgunst, Neid, Mitleid. Und heute stelle ich mir vor: Sehnsucht. Wenn auch verborgen und verpönt. Es gab im Westen mehr als im Osten zu kaufen, mag sein. Aber eine gemeinsame Familie gab es nicht, nicht zum Erleben und Leben Teilen. Zur Familie mussten wir weit reisen, frühmorgens losfahren, spätabends mit jener kreischenden Straßenbahn zurück. Für eine Strecke von etwa 30 Kilometern hin und zurück mussten Stunden eingerechnet werden. Die Grenzkontrollen brauchten Zeit, auch noch kurz vor der Maueröffnung, als ich – inzwischen immerhin selbst Mitte zwanzig – gefühlt endlos an der Kreuzberger Passierscheinstelle (»Büro für Besuchs- und Reiseangelegenheiten«, so hieß das damals) am Waterloo-Ufer anstand, um für ein paar Stunden zu meiner Oma zu fahren. Und zwar zweimal

– einmal für den Antrag des Passierscheins, dann noch einmal zwei Tage später zur Abholung desselben. Dass ich kurz darauf nur noch wenige Minuten mit der U-Bahn zu fahren brauchte, um bei ihr zu sein, ahnte ich noch nicht und kann es heute noch nicht fassen, wie ich plötzlich innerhalb dieser Stadt an einem Ort bin, der in meiner Erinnerung früher sozusagen »im Ausland« lag.

Und so wie mir ergeht es allen, die hier in Westberlin geboren wurden. Auch das gibt es nicht mehr. Westberlin. Diese Schreibweise hätten sich die sogenannten Westdeutschen und die West-Alliierten auch verbeten. Denn so geschrieben suggerierte man, dass es zwei Städte ähnlichen Namens geben würde: Westberlin und Ostberlin, das ist die Hauptstadt der DDR. Die westlichen Deutschen beharrten auf der getrennten Schreibweise: West-Berlin und Ost-Berlin, aber eben doch ein Berlin. Der Bindestrich macht den Unterschied.

Ich gestehe, dass ich tatsächlich eher zur Ostschreibweise neige: Westberlin. Denn meine Heimatstadt ist mit der Auflösung der DDR auch verschwunden und nicht einfach zu »Berlin« geworden. Ich erkunde das zurzeit sehr ausführlich und finde kaum mehr die Orte meiner Kindheit und Jugend. Also muss die Stadt irgendwie verschwunden sein.

So ähnlich also geht es denen, die nach dem Mauerbau im Westteil der Stadt Berlin geboren wurden und also 28 Jahre lang in diesem Teil gelebt haben. Ich habe immerhin 26 Jahre darin gelebt und das ist noch immer mehr als die Hälfte meines Lebens. Das prägt.

Das prägt auch die Vorstellung von Familie und Gemeinschaft. Und von dem, was davon zu erwarten oder nicht zu erwarten ist. Und lässt Überraschungen zu.

Familie also erlebte ich von frühester Kindheit an als das Synonym für Trennung und meist verstecktem Schmerz. Es hat sich fortgesetzt in die nächsten Generationen: in der Generation meiner Eltern – Ost wie West – sind mehr Scheidungen zu vermerken als dauerhaft geschlossene Verbindungen, in meiner Generation – Ost wie West – fällt insgesamt eine gewisse Bindungsscheu oder Bindungslosigkeit auf. Nur wenige meiner Cousinen und Cousins sind in dauerhaften Bindungen oder Ehen angekommen. Soweit ich weiß, nur eine von acht (vielleicht zwei, einer ist uns sozusagen verloren gegangen, wir wissen nicht, wo er ist und wie er lebt). Immerhin gibt es inzwischen nach unserer Generation wieder einige Kinder. Vielleicht, dass das Grundgefühl von »Getrenntsein«, das unsere Großeltern und Eltern und auch wir noch mit einer gewissen Beharrlichkeit inszeniert haben, sich auswächst und einer größeren Familienfreundlichkeit weicht.

In der Familie lernt ein Mensch die Verlässlichkeit von Bindungen und von Gemeinschaft kennen, so stelle ich es mir vor. Dabei spielt es, so glaube ich, keine Rolle, ob »Familie« das Modell »Vater, Mutter, Kind« beschreibt. Es ist ohnehin ein Modell, dass vergleichsweise spät Einzug gehalten in unsere europäischen Wertvorstellungen und anderenorts bis heute durchaus nur eine von mehreren Alternativen ist. Oder ob mit »Familie« eine der verschiedenen Formen von »Großfamilie« oder »Patchwork-Familie« oder familiäre Gemeinschaften mit Kindern, zwei Müttern oder zwei Vätern samt den dazugehörenden Wahl- und sonstigen Verwandten beschrieben ist. Wichtiger als die Zahl und die Geschlechtszugehörigkeit der jeweils an einer Familie Beteiligten scheint mir ihre liebevolle Verlässlichkeit und ihre wirkliche, sichtbare und fühlbare Erreichbarkeit zu sein.

Beides haben ich und Kinder meiner Generation in dieser Stadt oft vermisst. Allerdings bin ich nicht sicher, ob die Kinder und Jugendlichen heute, bedingt durch stets geforderte räumliche und zeitliche Flexibilität ihrer berufstätigen Eltern und durch den revolutionären Siegeszug der virtuellen Medien, der die direkte Begegnung oft ersetzt, in dieser Stadt und diesem Land nicht auch Ähnliches erleben. Sie sind zwar nicht voneinander getrennt durch Mauern und Stacheldraht, aber doch in ihren familiären Bezügen begrenzt durch Zeitfenster (oft geschlossen) und Terminkorridore (oft zu eng für wirkliche Begegnung).

Vielleicht aber vermissen sie so etwas wie bleibende und verlässliche Beziehungen aber auch nicht mehr. Das Individuum, wir wissen es und es ist reichlich erörtert in Politik, Soziologie, Psychologie und nun zunehmend auch in der Theologie, ist das Maß aller Dinge. Was »mir« guttut, ist auch gut, was »uns« guttut, ist dem »mir« nachgeordnet.

»Was habe ich davon? Was bekomme ich dafür?« Das sind weiterhin Leitgedanken für viele, sehr viele Menschen in unserer Gesellschaft, auch unter den jungen Menschen. Der persönliche, meist messbar materielle Gewinn ist das entscheidende Kriterium zur Bewertung einer Idee oder eines Sachverhalts. Natürlich gibt es auch heute noch »postfamiläre Gemeinschaften«, Bindungssysteme also, die in ihrer Bedeutung auch an die Stelle der Herkunftsfamilie treten können, so wie es das immer schon gab. Der Inhalt dieser neueren »Wir-Gemeinschaften« scheint allerdings oft in der Negation zu liegen: Wir sind ein Wir, weil wir »die Anderen« nicht wollen. Abgrenzung als identitätsstiftendes Merkmal und es muss nicht erstaunen, dass eine der Bewegungen, die am meisten aus dieser negativen Selbstbeschreibung (»Wir sind anders als…«) lebt, ausgerechnet die »identitäre Bewegung« heißt. Ihr Ziel, sofern ich es verstehe: Die Wiederbelebung einer deutsch-nationalen, damit pseudoeuropäischen Identität durch aggressive verbale und non-verbale Ausgrenzung all derer, die in diese eigens formulierte deutsch-nationale Identität nicht passen: Muslime, Flüchtlinge, Linke, Homosexuelle und überhaupt alle, die eben nicht »identitär« sind.

Zugegeben, die Erfinder dieser Bewegung haben ein Vakuum gefunden und es intelligent ausgenutzt: Das Vakuum des »Wir-Gefühls« als Menschen in Deutschland, das auf der Köpenicker Chaussee für meine Oma und für so viele Menschen auf wohl fast allen nachkriegsdeutschen Straßen in Scham und Schande unterging. Oder eben nicht unterging, aber auch nicht geläutert wurde nach den Verbrechen der nationalsozialsozialistischen Deutsch-Identitären (die sich damals so nicht genannt haben, aber ungefähr so dachten). In der Tat bin ich als Kind der 60er-Jahre und damit zwischen der ersten und der zweiten Nachkriegsgeneration mit dem sicheren Gefühl aufgewachsen, dass »deutsch« zu sein nun nichts ist, was einen irgendwie beglücken könnte. Und auch, als ich als große Freundin der deutschen Literatur Germanistik studierte und mich gut auskannte in der deutschen Kunst- und Kulturgeschichte, die ja durchaus Erfreuliches enthält, fand ich es immer noch peinlich, mich als Deutsche bezeichnen zu sollen. Besonders im Ausland, ganz gleich in welchem.

Allerdings gab es zumindest im Westen kaum andere Gemeinschaft stiftende Räume, die über einen bestimmten Lebensabschnitt hinaus Bestand gehabt hätten. Natürlich gab es Sportvereine, aber beim Austritt löste sich dann auch das dort geknüpfte soziale Netz wieder auf. Dasselbe galt für Klassen- und Schulverbände. In politische Parteien zu gehen und sich in eine politische »Familie« hineinnehmen zu lassen, war in meiner Jugend bereits genauso unüblich wie heute und wurde nur von der Absurdität einer möglichen Kirchenzugehörigkeit übertroffen.

Junge Menschen, die im Osten groß geworden sind, hatten wohl eher das gegenteilige Problem: eine streng verordnete Staatsidentität mit ideologischem Überbau, die dann zu wenig Raum für Individualität ließ. In beiden deutschen Staaten gab es fast nichts mehr, das als eine Art gewachsene Identität gelten kann, denn das Gewachsene war schon vorher pervertiert und vernichtet worden, bevor die Deutschen ihr Schuldtrauma erlebten.

Wer aber bin ich, wenn ich letztlich immer nur »ich« bin? Dieses auf sich selbst geworfene »Ich« kann einen Menschen durchaus überfordern. Wohl auch deshalb haben geistliche Menschen immer schon nach einem Du gesucht, DER oder DIE sie befreien kann aus ihrem engen Ich-Gehäuse. Die großen geistlichen Traditionen – die jüdische, christliche, muslimische, auch die anderen, polytheistischen Traditionen – haben Wege gewiesen, sich aus der Enge der nur horizontalen Identität befreien zu lassen. Fast alle dieser Traditionen und ganz sicher auch die kirchliche Tradition haben im Laufe ihrer Geschichte aber selbst die Wege verstellt, die zu bahnen sie ursprünglich gerufen waren. »Bereitet dem HERRN den Weg«, lesen und singen wir Christinnen und Christen während der Adventszeit. Dieses »Weg-Bereiten« könnte eine Kurzbeschreibung des ganzen christlichen Weges sein. Und doch haben gerade auch die Kirchen im Laufe der Jahrhunderte fast nichts unterlassen, dass dieser Weg für andere zu einem Schmerzensweg oder sogar einem Todesmarsch wurde. Eine aus diesem Missbrauch gelernte Skepsis gegen alles, was als laute und mit simplen Parolen versehene Bewegung daherkommt, ist allemal angebracht. Die Sehnsucht aber nach einer geistlichen Gemeinschaft, die nicht abhängig ist von Lebensalter, Beruf, sozialem Stand, Herkunft, Geschlecht, Bildung oder anderen Zufällen, eine solche Sehnsucht nehme ich wahr bei vielen.

Jesus, der jüdische Gottessohn aus Nazareth, hat in einer solchen geistlichen Gemeinschaft gelebt – dem erwählten Volk Israel. Aber selbst diese Zugehörigkeit, wiewohl Jahrtausende überspannend, schien ihm noch zu eng und so hat er die Grenzen geöffnet für alle, die eines Geistes und eines Sinnes sind.

Am letzten Abend seines Lebens auf dieser Erde – es war tatsächlich ein Donnerstag auch in unserer Zeitrechnung, weil er ganz sicher an einem Freitag gekreuzigt wurde, dem Karfreitag – hat er mit den Seinen eine neue Art der Gemeinschaft gegründet.

Gründet auf den Worten der Tora, der Propheten und der Schriften, also der Heiligen Schrift des Volkes Israel, verkündete und schuf Jesus einen neuen Bund: einen Bund der Liebe zu allen Menschen und allen Geschöpfen um des Lebens willen. Es soll kein Tod mehr sein und kein Hass und keine Feindschaft mehr zwischen den Menschen, in der Schöpfung, in der Welt. Es soll Friede sein – Friede zwischen Gott und Mensch und allem Lebendigen auf Erden.

Und weil er wusste, dass wir, die Menschen, das nicht alleine schaffen – und es ist ja so, dass wir es nicht allein schaffen! –, gab er an seinem letzten Abend sich selbst in diesen Bund hinein. Jesus wählte als Zeichen dieses Bundes, was es ebenfalls in allen geistlichen Traditionen gibt, wenn auch in unterschiedlicher Bedeutung: Er wählte ein rituelles Mahl, ein Essen als den Geschöpfen eigene Art, sich mit dem, was sie umgibt, inniglich zu verbinden. Kaum etwas ist so gemeinschaftsstiftend wie gemeinsames Essen und das gemeinsame Mahl hat überall seinen Ort als Ausdruck von gemeinsamem Erleben – vom Eisessen mit kleinen Kindern über das sommerliche Picknick im Park bis hin zu großen Staatsbanketten mit hochdiplomatischer Bedeutung. Essen verbindet, egal was die Menschen, die da zusammen sind, sonst noch ausmacht an Gemeinsamkeit oder Unterschieden.

Die Gemeinschaft Jesu ist seit dem weniger eine ideologische Gemeinschaft als vielmehr eine Lebens-, Liebes- und Mahlgemeinschaft, die sich aus der Liebe Gottes und der Liebe ihrer Geschöpfe speist.

Wollte Gott, dass das die Kirche und die Kirchen wieder erkennbarer leben?

Ich halte es für einen ganz und gar richtigen und dem Geist des Evangeliums entsprechenden Weg, wenn diese Gemeinschaft im Namen Jesu auch aus den Kirchen und den Gemeinden im engeren Sinne hinausgetragen wird zu den Menschen, die nicht in die Kirche gehen wollen, zu den so vielen »ganz anderen« Menschen: im Park, in den Obdachlosenheimen, in den Flüchtlingsunterkünften und Familienzentren, in den Kinderhäusern und Altenheimen, in der S-Bahn und auf den Rummelplätzen der Stadt. Die Liebe Gottes soll zu den Menschen getragen werden, ohne dass diese dafür etwas leisten müssten. Auch ohne die Erwartung, dass die so besuchten Menschen bitte hinterher in die Kirche kommen sollen. Das müssen sie nicht. Das ist nicht unsere vordringliche Aufgabe.

Wir sollen gemäß des Auftrages Jesu eine einladende Gemeinschaft sein und es steht nicht in der Schrift, dass wir die, die sich von dieser Gemeinschaft angezogen fühlen, in feste Häuser und noch festere Strukturen binden sollen.

Wir sollen einladen in eine Gemeinschaft, die unabhängig lebt von Häusern und Ämtern, die aber aus dem lebendigen Gespräch um das Wort Gottes und in seiner Liebe lebt. Dies zu tun und darin zu leben braucht weder Brief noch Siegel. Nur ein offenes Herz.

Ich wünsche mir, dass unsere Kirchen wieder so eine Gemeinschaft werden und es bleiben. Ich wünsche es mir umso mehr, als ich sehe, wie sehr die Sehnsucht nach verbindlicher und verbindender Gemeinschaft oft manipuliert und missbraucht wird zur Verletzung der Menschenwürde anderer, weil sie anders sind.

Ich wünsche mir so sehr, dass unsere Kirche sich an Dietrich Bonhoeffer erinnert, der uns gesagt hat: Kirche ist zu allererst Kirche für andere. Sagte ich das schon? Das macht nichts, Gutes und Richtiges kann man gar nicht oft genug sagen.

Ich wünsche mir so sehr eine lebendige Kirche, je mehr ich

um die Sterblichkeit meiner eigenen sozialen Verbindungen und meiner familiären Einbindungen weiß. Ich wünsche mir eine Gemeinschaft, die bis in den Himmel, in die Unterwelt und alle Zeiten hineinreicht. Eine Gemeinschaft also, wie Jesus sie im Sinn hatte, als er seinen Jüngern und Jüngerinnen sein Wort und das Geheimnis des Heiligen Mahles anvertraute. In so einer Gemeinschaft will ich leben.

Sie wird bleiben, nicht aus unserer Kraft – wahrlich nicht –, sondern weil er, der sie ins Leben gerufen hat, es so will. Wenn er es will.

Dann wird sie bleiben, auch wenn es die Gaswerksiedlung in der Köpenicker Chaussee nicht mehr geben wird, jedenfalls nicht als Wohnraum für wohnungssuchende Menschen. Hier können die wirtschaftlichen Interessen der großen Unternehmer das Vernünftige verhindern, wie folgender Protokollauszug aus einer Sitzung im April 2014 des Landesdenkmalamtes Berlin befürchten lässt.

Im Blick auf die Gemeinschaft, die Jesus Christus gegründet hat, habe ich die Hoffnung, dass Seine Liebe größer ist als unser Verstand, der zwar hin und wieder nützlich, nicht selten aber auch gefährlich fehlgeleitet ist. Leben werden wir, dessen bin ich sicher, nicht durch unseren Verstand, sondern in Seinem Erbarmen.

Protokollauszug

Die Siedlung wurde mit 16 identischen Häusern in direkter Nachbarschaft zum Gaswerk gebaut, die nur in der äußeren Gestaltung variieren. Der Kopfbau war für leitende Angestellte vorgesehen. Vattenfall hat die Siedlung von der GSW übernommen. Die Außenhülle wurde saniert.

Die Siedlung ist von den Planungen für das neue Gas- und Dampfheizkraftwerk von Vattenfall betroffen. Die Altanlage Klingenberg soll durch die neue Anlage ersetzt werden.

Die Klimaschutzvereinbarung mit dem Land Berlin sieht eine Halbierung der CO_2-Werte bis 2020 vor. Projekte dieser Größenordnung brauchen einen Vorlauf von mehreren Jahren. Für die Umsetzung werden drei Jahre veranschlagt.

Für diesen Energiewirtschaftsstandort ist im Bezirk ein Dialogprozess mit Bewohnern und Anrainern durchgeführt worden. Alle Genehmigungsanträge wurden von Vattenfall auf den Weg gebracht. Weitergehende Planungsschritte werden erst nach Entscheidung der anhängigen Klagen in die Wege geleitet. Der Bebauungsplan sieht ein reines Gewerbegebiet vor. Wohnnutzung ist wegen der zu erwartenden Lärmemission ausgeschlossen.

Der Bebauungsplan ist noch nicht genehmigt.

Die Gaswerksiedlung ist fast völlig entmietet und steht weitgehend leer.

Es gibt Vandalismusschäden im Inneren. Hier stellt sich die Frage nach einer Zwischennutzung, z.B. ein »Wächterhaus«-Konzept, wie es auch in Berlin bereits in einzelnen Gebäuden durchgeführt wird. Vattenfall will auf keinen Fall eine Wohn-Zwischennutzung und verhandelt mit dem Bezirk über gewerbliche Nutzungen. Es besteht Eigenbedarf für die Verwaltung von Vattenfall für den westlichen Gebäudeteil. Ein denkmalfachliches Gutachten ist vorhanden, das die Grundlage für das Nachnutzungs-Konzept bildet, das in Zusammenarbeit mit der Denkmalpflege erstellt wurde. Die Siedlung sollte umgehend wieder in Nutzung gebracht und eine Adresse geschaffen werden. Es ist aus Sicht der Denkmalpflege nicht hinnehmbar, dass nichts passiert. Zeitnahe Aktivitäten seitens Vattenfall sind erforderlich. Hier geht es auch um die Rückgewinnung eines Stücks Stadt.

Empfehlung:

Der Landesdenkmalrat wird anlässlich einer Begehung und während der Sitzung über die Wohnhauszeile des Gaswerks, die bereits weitgehend erfolgte Entmietung und die Vorstellungen der Eigentümerschaft zur künftigen Nutzung informiert.

Der Leerstand der Gaswerksiedlung ist für den Bestand äußerst ungünstig und der Landesdenkmalrat empfiehlt dringend dafür Sorge zu tragen, dass möglichst zeitnah eine geeignete, dem Baudenkmal angemessene Neunutzung (Gewerbe, Dienstleistung, Kultur) umgesetzt wird. Dabei ist die Frage der Art der künftigen Nutzung breit anzugehen. In der Zwischenzeit wird der Eigentümerin empfohlen, aktiv eine Denkmal erhaltende Zwischennutzung anzustreben.

Im Rahmen der Neunutzung empfiehlt der Landesdenkmalrat nicht bloß das Äußere, sondern auch die Grundstruktur des Gebäudes zu erhalten, namentlich die Treppenhäuser, die Trennmauern zwischen den Häusern und die tragenden Elemente sowie charakteristische Ausstattungsmerkmale (Geländer, Türen etc.).

Der Landesdenkmalrat nimmt mit Befriedigung zur Kenntnis, dass die Kraftwerksbetreiberin beabsichtigt, die bestehenden denkmalgeschützten Kraftwerksgebäude nach dem Neubau des geplanten Gas- und Dampfkraftwerks als Baudenkmäler zu erhalten, und empfiehlt, frühzeitig mit der Denkmalpflege vorbereitende Nachnutzungsüberlegungen anzustellen.

(Quelle: www.stadtentwicklung.berlin.de/denkmal/.../de/.../protokoll_2014_04_04.pdf)

Vielleicht könnten in die Häuser doch noch viele neue Familien, Gemeinden und Gemeinschaften einziehen. Welchem Lebensweg auch immer sie folgen, sie könnten miteinander leben und die Liebe auf der Erde sichtbar machen. Sie könnten leben dafür, dass nie mehr eine Mutter auf der Köpenicker Chaussee vor den Augen ihrer Kinder wegen Erschöpfung zusammenbrechen muss. Meiner Oma hätte das gefallen. Ganz sicher.

VI.

Aylan oder: Der Mut zum Schuldigsein

Er heißt Aylan. Das haben wir aber erst erfahren, als er schon tot war.

Aylan hat es nach seinem Tod zu großer Berühmtheit gebracht. Sein Foto wurde weltweit in den Fernsehnachrichten gezeigt, in den sozialen Netzwerken gepostet. Das Foto wurde als Titelbild in verschiedensten Tageszeitungen und Zeitschriften verwendet. Theaterstücke und Lesungen nahmen Bezug auf das Foto und ich tue es auch.

Denn das Foto wurde am 2. September 2015 aufgenommen und ist nun schon fast vergessen. Aylan ist in Kobane begraben, gemeinsam mit seiner Mutter und seinem wenig älteren Bruder. Kobane liegt in Syrien und von dort kam Aylan mit seiner Familie. In einem seeuntauglichen Schlauchboot, teuer bezahlt, ausgeliefert an Schlepper, die mit der Todesangst der Flüchtenden Geschäfte machen.

Aylan stürzte bei heftigem Wellengang ins Meer. Sein kleiner Körper wurde in Bodrum an den Strand gespült. So wurde er fotografiert. Auf dem Bauch liegend, die Arme seitlich neben dem Körper, die blaue Hose und das rote T-Shirt verrutscht, sodass sein Rücken und seine Seite sichtbar sind. Ein kleiner Kinderrücken. Läge er so zu Hause in Syrien in seinem Bett, könnte er ein Bild des Friedens und des Vertrauens sein. Da er aber nicht in Syrien, sondern in der Türkei liegt, da er nicht in seinem Bett, sondern an einem Strand liegt, da er nicht schläft, sondern tot ist, wird er zu einem Bild des Grauens. Des Grauens darüber, was wir Menschen vermögen.

Es gab viele Leserbriefe nach der Veröffentlichung des Fotos in den Medien. Tiefe Betroffenheit allerorten. Recht bald aber auch Häme. Ja, tatsächlich. Etwa so: »Wäre er zu Hause geblieben, wäre er jetzt nicht tot.« Wie zynisch ist das! Zumal nicht sicher ist, ob Aylan nicht doch tot wäre, denn in seiner Heimat tobt Krieg. Deshalb sind seine Eltern geflohen. Weil dort Krieg ist. Und auch schnell, ganz erstaunlich, die Ästhetisierung des

Grauens. Dieses Foto, so hieß es, würde zu einer »Foto-Ikone« werden. Eine Ikone ist ein christliches Bild, besser ein Fenster, das dem betenden Menschen einen Blick in die Welt Gottes hinein und aus der Welt Gottes heraus auf uns öffnen soll. Manche gläubige Christen sagen sogar, dass wir in einer Ikone Gott schauen können.

Nach einer gescheiterten Flucht liegt ein totes syrisch-kurdisches Kind am türkischen Strand. Erkennen wir Gott darin? Warum nicht?

Aber nicht zu schnell jetzt. Wir könnten sonst etwas missverstehen. Wir könnten es sonst so verstehen, als habe Gott – irgendein Gott! – es gutgeheißen, dass Aylan nun da liegt. Als habe irgendein Gott das so gewollt. Weil Aylan nun im Himmel ist und es ja nirgends besser haben kann. Weil Aylan – es soll Christen geben, die das so sagen würden – nicht den richtigen Glauben hatte und der Gott der Christen ihn deshalb nicht gerettet habe. »Sieh her, so geht es dir, wenn du nicht an den Gott der Christen glaubst!« Wie zynisch können Menschen sein! Soweit ich weiß, ist der Sohn Gottes, der Christus, ebenfalls gestorben, sehr allein und sehr verlassen. Erkennen wir Gott in dem toten Kind?

Zunächst sehe ich darin einen unvorstellbaren Schmerz. Den Schmerz des Kindes, bevor es starb. Den Schmerz der Eltern, bevor sie ihn verloren geben mussten. Den Schmerz der Mutter und des Bruders, die ebenfalls auf dieselbe Weise – nein, nicht einfach »umkamen«. Die auf die gleiche Weise getötet wurden, wenn nicht aktiv, so doch passiv, denn die Bootsführer haben das Boot im Wellengang alleingelassen.

Den Schmerz des Vaters, der überlebt hat und nun ohne seine Familie weiterleben muss. Dann sehe ich in dem Bild auch eine große Schuld. Die Schuld derer, die für den Krieg verantwortlich sind. Die Schuld derer, die sich an der Angst der Geflüchteten bereichern. Die Schuld derer, die die Grenzen in

Europa so dicht machen, dass die Flüchtenden auf illegalen Wegen fliehen müssen.

Ich sehe unsere Schuld darin, wenn wir betroffen, bestürzt, zornig, erschrocken, weinend, klagend, verstummend, wie auch immer – auf dieses Bild schauen. Denn wir verhindern nicht, dass Aylan und mit ihm etwa 3700 Geflüchtete allein im Jahr 2015 bei der Überfahrt über das Mittelmeer ertrunken sind. Im Jahr 2014 waren es einige weniger, in Jahr 2016 sind es mehr als in allen anderen Jahren zuvor und das Jahr ist noch nicht zu Ende, als ich dies schreibe. Europa hat geschlossen.

Zugleich ist bekannt, dass deutsche Waffen über Saudi-Arabien nach Syrien geliefert werden und Soldaten der Bundeswehr am Krieg in Syrien beteiligt sind. So ist es nicht ausgeschlossen, dass Aylans Freunde, wenn sie noch in Syrien leben, durch eine deutsche Waffe getötet werden. Aylan und seine Freunde sterben, weil auch wir es nicht verhindert haben. Wir haben das alles nicht verhindert und dabei haben wir noch gar nicht von Afghanistan, vom Jemen, von Nigeria, von der Ukraine, von all den anderen Orten gesprochen, in denen wir eben auch nichts verhindert haben.

Während ich meine Gedanken versuche zu sortieren, werden sie von den Tagesnachrichten neu durchwebt. Zwei Meldungen im Radio heute Morgen lassen mich traurig zustimmend nicken und danach bitter auflachen.

Die erste: Der Generalsekretär der Vereinten Nationen, Ban Ki Moon, ruft angesichts der katastrophalen Lage in Syrien aus: Wir haben alle versagt! Er sagt nicht: die Russen; die syrischen Regierungstruppen; die Rebellen; die IS-Kämpfer; die Kurden. Er sagt: wir alle.

Der Mann zeigt Größe. Schade, dass er nur noch wenige Tage im Amt ist. Ich möchte ihm zurufen: Lieber Bruder Ban, rufen Sie weiter, auch wenn Sie nicht mehr zitierst werden in den Nachrichten und keiner mehr fragt, was Sie sagen. (Das war wahrscheinlich in Ihrer Amtszeit auch nicht viel anders. Hat es irgendjemand wirklich interessiert, was Sie sagen?) Rufen Sie weiter, Ihr Ruf ist ein prophetischer Ruf, wie er in der Bibel steht! Wirklich und buchstäblich. Und er blieb immer schon unerhört, weitgehend. Trotzdem: Weiterrufen, ich tue es auch, wenn auch vermutlich genauso vergeblich.

Die zweite Nachricht, die mich heute Morgen erreicht, ist dagegen an Zynismus nicht zu überbieten und unterstreicht die Worte Ban Ki Moons sowohl in ihrer Aktualität als auch in ihrer Vergeblichkeit. Da heißt es aus dem Bundesinnenministerium, dass ab heute geflüchtete Afghanen in ihr Heimatland abgeschoben werden, denn Teile des Landes seien jetzt sicher und es bestünde keine Gefahr mehr für die Menschen in Afghanistan. Statt eines Kommentars zitiere ich hier den Reisehinweis des Auswärtigen Amtes, immerhin eines von 14 Ministerien und als solches eine oberste Bundesbehörde. Ich habe diesen Reisehinweis heute, etwa zwei Stunden nach der Radiomeldung, aus der offiziellen Seite des Auswärtigen Amtes aus dem Internet kopiert:

Vor Reisen nach Afghanistan wird dringend gewarnt. Wer dennoch reist, muss sich der Gefährdung durch terroristisch oder kriminell motivierte Gewaltakte bewusst sein. Auch bei von professionellen Reiseveranstaltern organisierte Einzel- oder Gruppenreisen besteht unverminderte Gefahr, Opfer einer Gewalttat zu werden.

Für zwingend notwendige berufliche Reisen nach Afghanistan gilt: Der Aufenthalt in weiten Teilen des Landes bleibt gefährlich. Jeder längerfristige Aufenthalt ist mit zusätzlichen Risiken behaftet. Bereits bei der Planung des Aufenthaltes sollten die Sicherheitslage und die daraus resultierenden Bewegungseinschränkungen beachtet werden. Zudem sollte der Aufenthalt auf der Basis eines tragfähigen professionellen Sicherheitskonzepts durchgeführt werden ... In ganz Afghanistan besteht ein hohes Risiko, Opfer einer Entführung oder eines Gewaltverbrechens zu werden. Landesweit kann es zu Attentaten, Überfällen, Entführungen und andere Gewaltverbrechen kommen ...

Allen Deutschen vor Ort wird zu größtmöglicher Vorsicht geraten. Von Überlandfahrten wird dringend abgeraten. Wo solche zwingend stattfinden müssen, sollten sie auch in vergleichsweise ruhigeren Landesteilen nur im Konvoi, nach Möglichkeit bewacht und mit professioneller Begleitung durchgeführt werden. Die Sicherheitslage auf der Strecke muss zeitnah zur Fahrt sorgfältig abgeklärt werden. Es wird davor gewarnt, an ungesicherten Orten zu übernachten.

Afghanistan ist also ein sicheres Herkunftsland. Ob unsere Ministerien ab und zu miteinander sprechen?

Es ist gut, dass so viele Menschen um den kleinen Aylan getrauert haben. Aber wer trauert mit den Lebenden, die der Todesgefahr in ihrem Land preisgegeben werden, nur weil wir meinen, nicht in der Lage zu sein, in unserem Land Menschen aufzunehmen, die aus Kriegs- und Terrorgefahr zu uns fliehen? Wir müssten auch um uns selbst trauern, dass wir ein Volk mit so harten Herzen geworden sind! Wie konnte das passieren? Wie kommt es, dass wir Hilfe suchende Menschen zurück in Krieg und Gefahr schicken, obwohl wir als Volk, als Nation genug Platz und genug Mittel hätten, auch sehr viel mehr Menschen als die eine Million aufzunehmen – eine Zahl, die immer als eine Art nationale Katastrophe behandelt wird. Wir müssten es wollen. Aber wir wollen nicht. Warum nicht? Wovor fürchten wir uns denn nur? Oder fürchten wir uns am Ende gar nicht?

Wollen wir doch mal eben nicht die Guten sein? Macht es vielleicht manchmal auch heimlich Spaß, den eigenen Zorn, die eigene Enttäuschung an Schwächeren auszulassen? Noch dazu, wenn man sich dabei in einer anonymen Masse verstecken kann? Obwohl man das natürlich niemals zugeben würde? Ich frage mich das wirklich.

Wir sind hartherzig und engstirnig geworden – als Volk, als Nation, sicher nicht als Einzelne. Haben wir denn vergessen, wie es uns selbst ging, im Krieg und nach ihm? Haben wir denn vergessen, wieviel Hilfe und Zuwendung und – ja, auch Vergebung! – wir erlebt haben, als wir Hilfe nötig hatten?

Und während ich diese schlichten Sätze schreibe, höre ich lauten, heftigen, zornigen, ernsten, jedenfalls kategorischen Widerspruch: Nein, so ist das nicht. Wir sind ja nicht schuld, also wollen wir damit auch nichts zu tun haben. Wir haben schließlich den Krieg in Syrien nicht angefangen. Wir haben schließlich das Boot nicht über das Mittelmeer gesteuert und es dann verlassen. Wir haben auch keine Waffen nach Saudi-Arabien geschickt.

Das waren alles – die.
Die anderen.
Alle anderen, am besten.
Aber wir nicht.
Ich schon gar nicht.
Es waren die anderen.
Es war vorher schon so, ich hab' gar nichts gemacht.
Nicht ich, sondern du warst es. Du hast angefangen.
Ich habe nur getan, was du gesagt hast.
Ich habe nur meine Pflicht erfüllt.
Du warst es.
Ich jedenfalls – war es nicht.

Wo immer es darum geht, Verantwortung für einen Fehler zu übernehmen, gar wirkliche Schuld einzugestehen, hört man ganz gewiss und immer wieder diese Sätze. Ich war es nicht. Es waren immer die anderen.

Ich weiß nicht, wann genau mir auffiel, wie reflexartig und manchmal fast zwanghaft dieses »Ich war's nicht, die anderen waren's« die Selbstwahrnehmung und die Beziehungsmuster sehr vieler Menschen bestimmt. Es fällt mir nicht nur bei Kindern auf, wenngleich diese spontane und heftige Schuldabwehr sicher in dem Alter beginnt. Einmal sah ich ein Kind, das gerade aus Versehen einen Teller fallen gelassen hatte. Der Teller war zerbrochen, die Mutter kam hinzu und das Kind schaute sie an und sagte: »Das war ich nicht, das war schon.« Die Mutter des Kindes hat klug reagiert und hat dem Kind einerseits ruhig dargelegt, dass »das« eben nicht schon so war, sondern dass sie das Klirren gehört habe. Und sie sagte dem Kind liebevoll und ernst zugleich, dass es aber nicht schlimm sei, wenn etwas schiefgeht. Schlimmer sei das Leugnen des eigenen Missgeschicks, der eigenen Verantwortung. Das Wort »Schuld« hat sie nicht gebraucht. Vielleicht, weil es in diesem Zusammenhang nicht passend war.

Vielleicht, weil wir das Wort Schuld inzwischen sowieso aus unserem Wortschatz und aus unserer Selbstwahrnehmung weitgehend gestrichen haben. Das halte ich für ein großes Problem.

Jedenfalls nehme ich dieselbe Schuld-Verweigerung auch häufig bei Erwachsenen wahr, ganz gleich in welcher Altersgruppe, in welcher sozialen Schicht, welcher Konfession, ob überhaupt gläubig oder nicht. Immer und immer wieder, in Auseinandersetzungen, bei lösbaren und unlösbaren Problemen, bei vermeidbaren Missgeschicken oder unvermeidlichen Pannen, bei nur einem fragenden Blick: »Ich war's nicht. Der, die, das andere war's, aber ich nicht.«

Einmal wollte ich in einer Kirche der Küsterin einen Dank für einen besonders schönen Blumenschmuck aussprechen – vielleicht habe ich dabei ernst geguckt, weil ich das Arrangement wirklich sehr gelungen fand. Aber bevor ich noch ein

Wort sagen konnte, sagte sie: »Ich war das nicht, ich kann nichts dafür, dass die Blumen nicht frisch sind.« Wollte ich gar nicht sagen. Fand ich auch gar nicht. Ich fand's ja sehr schön! Es brauchte mehrere Anläufe, der lieben Schwester zu vermitteln, dass ich ihre Blumen ganz wunderbar fand.

Denn natürlich hatte sie sie hingestellt und auch arrangiert. Ich musste sehr aufpassen, dass mir über die unnötigen Unschuldsbeteuerungen die Freude nicht abhandenkam.

Mag ja sein, dass viele von uns eine schwere Kindheit hatten, in der wir für vieles bestraft wurden oder uns dauernd verteidigen mussten. Aber irgendwann, so hoffe ich sehr, kommt ein Augenblick, in dem wir aus unserer kindlichen Fehlprägung herauswachsen, Schuld zugeben und Vergebung annehmen können, wenn es angebracht ist.

Wenn ich mich recht erinnere, war es erstmals während meiner Ausbildung zur Kinderkrankenschwester, dass jemand meine in diesem konkreten Fall unnötigen und falschen »Unschuldsbeteuerungen« durchbrach und mir eine ganz andere Ebene des Umgangs miteinander vorführte.

Ich war Schwesternschülerin, wie immer eine sehr eifrige Schülerin. Und wie schon in der Schule wollte ich hier alles richtig machen, umso mehr, als im Krankenhausalltag Fehler ja wirklich gefährlich werden können. Andererseits wurden wir ja als Schwesternschülerinnen auch ständig begleitet und in bester Absicht kontrolliert, eben damit unsere normalen und erlaubten Fehler keine größeren Schäden anrichten konnten. Ich hätte also ganz entspannt Fehler machen dürfen und daraus lernen können. Aber, wenn ich ehrlich bin, ging es mir in meinem Bestreben um Fehlerlosigkeit gar nicht nur um die kranken Kinder, die ich zu versorgen hatte. Es ging mir um mich. Ich wollte in bestem Licht dastehen, ich wollte diejenige sein, die eben keine Fehler macht, aus Prinzip nicht. Ich wollte die sein, auf die sich jeder verlassen kann und die deshalb eben nicht ist wie andere Menschen. Heute würde ich sagen, dass ich mit meiner immer angestrebten Perfektion und der ständigen Abwehr jedweden Versagens auch sehr hochmütig war. Jedenfalls nicht angekommen bei der Tatsache, dass ich auch nur ein Mensch bin wie wir alle, fehlbar auch, wie wir alle.

Damals also machte ich immer alles richtig und einmal machte ich eben etwas nicht richtig: Wir hatten gelernt, die Laken in einer ganz bestimmten Weise auf die Krankenbetten zu ziehen (Spannlaken waren damals noch die ganz große Ausnahme, normalerweise wurden Leintücher nach speziellem System über die Matratzen gespannt). Leider war ich, so wunderbar ich manches andere konnte, im Bettenmachen nie wirklich gut. Mir fehlte die Geduld für die einzelnen akkuraten Falten, auch wenn ich den Sinn dieser Vorschrift wohl einsah. Es sollte verhindert werden, dass sich Falten auf der Liegefläche bilden und die manchmal bewegungsunfähigen Kinder sich daran wundliegen könnten. Ich hatte also das Laken nicht richtig befestigt. Es lag schon irgendwie auf, aber eben nicht richtig. Und ich wusste das auch, hatte aber keine Lust mehr, mir daran weiter die Finger zu verrenken. Und ich glaubte mich allein im Zimmer und wollte das Laken eben Laken sein lassen. Genau in dem Moment trat die Oberschwester in das Zimmer. Und die war genauso, wie man sich eine Oberschwester vorstellt: Groß, kräftig, schon älter (wahrscheinlich war sie jünger als ich heute …), ruppig im Umgang mit Schwestern und Ärzten, ruppig auch zu den Eltern, aber unendlich geduldig und liebevoll mit den kranken Kindern. Ich bewunderte sie heimlich, bemühte mich aber im Allgemeinen, ihr aus dem Weg zu gehen. Das war nun nicht möglich, sie füllte den Türrahmen aus. Also entschloss ich mich zu meinem »Ich bin die Gute«-Gesicht: Lächelte höflich und eifrig, grüßte sie freundlich und nahm einen Stapel Handtücher auf den Arm, so als sei ich eben gerade beschäftigt damit gewesen, diese zu verteilen.

Sie erwiderte gar nichts und schaute einfach nur auf das Bett. Also musste ich wohl auch dorthin sehen und sagte unnötigerweise: »Oh, das Laken liegt nicht ganz richtig.« »Stimmt«, sagte sie trocken. Blieb in der Tür stehen und schaute mich an, regungslos.

Also begann ich zu reden – zu viel, wie so oft: »Huch, das habe ich gar nicht gemerkt (das war eine glatte Lüge), wahrscheinlich war das schon so und ich habe es übersehen – das tut mir so leid.« Das habe ich wirklich gesagt. So einen Unsinn. Die Oberschwester regte sich immer noch nicht, schaute mich einfach nur an. Ich begann zu stottern: »Äh, ja ich habe das Bett gemacht, aber das mit dem Laken, also das habe ich nicht bemerkt, das ist ja auch gar nicht so schlimm.« Keine Reaktion. Langsam wurde ich wirklich nervös und begann mich um Kopf und Kragen zu reden, so fühlte es sich jedenfalls an. »Da hab' ich wohl was übersehen, naja, kann ja vorkommen, bitte entschuldigen Sie, ich hab's echt nicht gesehen...« Vielleicht hat sie gemerkt, dass meine Entschuldigung nicht aufrichtig war, sondern nur der kleinliche Versuch, meine Haut zu retten. Jedenfalls unterbrach sie mein Gestammel und sagte mit einer gewissen Schärfe: »Sie brauchen sich nicht stundenlang zu entschuldigen, Sie brauchen es nur anders zu machen.« Sprach's und ging.

Ich blieb wie erstarrt stehen und schämte mich. Nicht nur wegen des unordentlichen Lakens. Sondern vor allem wegen meiner unaufrichtigen Versuche, mich herauszuwinden aus dem offensichtlichen Fehlverhalten. Ich wusste, ihr war klar, dass ich sehr wohl gesehen hatte, meine Arbeit war nicht in Ordnung und ich die Nachlässigkeit verheimlichen wollte und dass selbst noch meine Entschuldigung eher eine Selbstrechtfertigung als ein ehrliches Eingeständnis meiner Schuld war. Ich habe mich geschämt und diese Lehre nie mehr vergessen. Ihren einen Satz habe ich oft im Gedächtnis zitiert, als ich später selbst in die Lage kam, andere anzuleiten und notfalls zu korrigieren. Und habe mich immer wieder selbst in anderen erkannt, die ebenso wie ich damals offensichtlich Angst vor der Schuld hatten. So sehr, dass sie lieber alles verleugneten, als die Schuld einfach zuzugeben. Warum eigentlich? Ist es nicht ein Zeichen von Stärke und Würde, eigenes Fehlverhalten anzuerkennen? Viel mehr, als sie zu leugnen und sich selbst dadurch zu entmündigen?

Wir haben alle versagt, sagte Ban Ki Moon. So etwas sagen zu können, zeigt einen sehr großen Mut. Vielleicht auch ein sehr großes Herz, das trotz allem auf Erbarmen hofft und auf Trost.

Haben wir denn völlig vergessen, dass Schuld vergeben werden kann? Dass es sogar unglaublich befreiend sein kann, die eigene Schuld zu bekennen und dann zu erleben, dass sie vergeben wird? Ja, das haben wir wohl vergessen. Vielleicht haben es viele tatsächlich nicht mehr erlebt.

Vor einigen Jahren hat die Evangelische Kirche in Deutschland in der Fastenzeit ein gemeinsames Fastenthema vorgeschlagen, so etwas wie ein Motto für die Zeit zwischen Aschermittwoch und Ostern. Es lautete »Sieben Wochen ohne – ohne Ausreden«. Das wirklich Bestürzende an diesem Thema war, dass die an und für sich so selbstverständliche Haltung, selbst Verantwortung zu übernehmen, als so ungewöhnlich und besonders empfunden wurde, dass daraus ein Fastenthema formuliert werden musste. So als könnten wir nach Ablauf der Fastenzeit getrost wieder zu unserer »Schuldunfähigkeit« zurückkehren.

Allein die Begriffe »Schuld«, »schuldig sein« sind heute verpönt und finden allenfalls noch in der Rechtsprechung Verwendung. Ansonsten sprechen wir lieber von »Verantwortung«, die zu übernehmen ist. Das klingt dann etwas hehrer, tapferer, mutiger: Jemand ist bereit, die Verantwortung zu übernehmen.

Da bleibt auf sprachlicher Ebene und wohl auch auf der Wahrnehmungsebene der Aspekt des Fehlverhaltens verschwommen, denn »Verantwortung zu übernehmen« sagt nichts aus über die Qualität dessen, wofür die Verantwortung übernommen wird. Verantwortung kann ich übernehmen für eine Aufgabe, für einen Erfolg, für das Versagen anderer (das wirkt dann besonders edel, wenn dafür sozusagen stellvertretend und eigentlich »schuldlos« Verantwortung übernommen wird) oder eben auch für eigenes Fehlverhalten. Und selbst dann klingt die Formulierung »Verantwortung übernehmen« noch distanziert, mehr wie eine übernommene Aufgabe. Noch dazu klingt es nach einer Aufgabe, die nicht notwendigerweise zu mir gehört, sondern die ich eben »übernehme«. Sogar die Vorstellung, dadurch jemand anderem etwas »abzunehmen«, klingt an. Nicht mal die eigene Schuld muss ich also wirklich annehmen, als zu mir gehörend anerkennen, solange ich nur die Verantwortung übernehme. Einsicht und Wandlung, gar Reue wird nicht automatisch mitgedacht, schon gar nicht mitgefühlt.

Es wäre spannend zu untersuchen, ob vor allem wir Deutsche so besonders große Schwierigkeiten haben, persönliche Schuld einzugestehen. Die auf uns als Volk – generationenübergreifend – liegende Schuld ist wohl zu groß, als dass wir sie tragen könnten. Und es ist uns, abgesehen von einigen öffentlich formulierten Schuldbekenntnissen, wohl auch noch nicht gelungen, persönlich zu der Schuld zu stehen, die wir in unseren Familien noch immer tragen, auch wenn wir inzwischen in der dritten und vierten Generation nach Nationalsozialismus, Schoah und Weltkrieg leben.

Die Aufarbeitung, wenn denn eine stattfindet, findet in der Regel auf psychotherapeutischer Ebene statt und in ungezählten Familienaufstellungen wird die Schuldlast in ritualisierter Form zurückgegeben an Eltern, Großeltern und andere Generationen.

Aber eben doch: abgegeben, nicht angenommen und integriert. Abgegeben, nicht bereut und schon gar nicht um Verzeihung bittend. Wir haben größte Mühe, uns zu entschuldigen.

Und es wäre ebenso spannend zu untersuchen, ob gerade wir Christen, die wir uns doch so ausdrücklich auf die Reformation berufen, ob also gerade wir besondere Mühe haben mit der Tatsache, dass wir schuldig werden.

Ähnlich Paulus hat Martin Luther wie kaum ein anderer mit dieser Erkenntnis gerungen: er wusste sich schuldig, überschuldig, selbst dort, wo von Schuld keine Rede sein konnte. In dramatischer Weise haben sich in ihm geistliches Wissen und psychologisches Befinden zu einem nahezu übergroßen Schuldgefühl verquickt, sodass seine Lebensfrage war und bis zuletzt blieb: »Wie bekomme ich einen gnädigen Gott?« Eben dieser Martin Luther hat wiedergefunden, was doch längst geschrieben steht, was doch längt von dem ewigen und barmherzigen Gott geschenkt wurde: Seine Gnade, seine Vergebung aller unserer Schuld durch den Tod und die Auferstehung Jesu Christi. Wir Christen und Christinnen leben aus dieser Vergebung. So sagen wir jedenfalls.

Glauben wir das auch? Glauben wir das noch?

Martin Luther hat zumindest immer wieder einmal nicht nur verstanden, sondern wirklich gespürt und gefühlt, dass die Liebe Gottes größer ist als all unsere Schuld und auch als unsere Schuldgefühle.

Er konnte es fühlen und wollte es immer und immer wieder glauben. So formulierte er den treffend kurzen Satz: Glaube tapfer, sündige tapferer – crede forte, pecca fortiter. Nicht um Schuld und Sünde einen Freibrief auszustellen, nicht um der Vorstellung einer »billigen Gnade« (Bonhoeffer) Tür und Tor zu öffnen, sondern um Mut zu machen, der Liebe Gottes zu vertrauen. Immer – auch und gerade dann, wenn wir schuldig werden. Daraus ist seine große Rechtfertigungslehre entstanden, die, so theologisch kompliziert sie verfasst sein mag, in Kürze nichts anderes sagt als eben das Herzstück des Evangeliums selbst: Du Mensch bist erlöst, weil Christus für uns gestorben ist und weil Gott, der Ewige und Barmherzige, uns liebt. Das ist die gute Botschaft, die »Glücksmär«, das Evangelium also, und eben dies ist der Kern der reformatorischen Botschaft.

Und doch scheinen gerade reformatorische Christen und Gesellschaften, die in diesem Erbe gründen, es so besonders schwer zu haben mit dem Erkennen und Bekennen eigener Schuld. Und mit dem Glauben daran, dass die Schuld vergeben wird und vergeben ist. Warum ist das so? Und wie gelingt es uns, ein unbefangenes Verhältnis zum (eigenen) Schuldigsein (wieder) zu erlangen? Warum überhaupt sollten wir uns darum bemühen? Ist es nicht viel einfacher, wenn es »immer die anderen« waren?

Drei Fragen auf einmal. Also nacheinander. Warum fällt es uns so schwer, eigene Schuld zu erkennen, anzuerkennen, zu bekennen und ohne Angst, daran zu glauben, dass sie vergeben wird? Und das als Deutsche, die wie kaum eine andere Nation auf der Welt bis heute durch die Reformation geprägt wurden. Vielleicht, weil wir zu oft und zu theoretisch darüber geredet haben? Vielleicht gerade, weil die theologische Diskussion in der frühen Neuzeit in einer solchen Öffentlichkeit und mit so hohem gesellschaftlichen Interesse stattgefunden hat, dass man glaubte, nun wüssten es alle und nun werde alles gut?

Schon die nächste Generation und erst recht die übernächste aber wusste es nicht mehr, nicht mehr im Herzen, nicht als ein Geschenk, das wir annehmen dürfen und dessen wir uns freuen dürfen, weil es uns in eine unfassbare Freiheit führt. Schon die nächsten Generationen, geprägt durch die sogenannte lutherische Kirche, sah im Kreuz ganz überwiegend die Anklage, die Verurteilung der Menschen, die dem Heiland diesen Martertod zugemutet hätten und ihn bis heute zu verantworten hätten.

Viele Kirchenlieder enthalten dieses Motiv bis heute, etwa in dem Passionslied »O Welt sieh hier dein Leben… In der dritten Strophe heißt es: *Wer hat dich so geschlagen, mein Heil, und dich mit Plagen so übel zugericht'? Du bist ja nicht ein Sünder wie wir und unsere Kinder, von Übeltaten weißt du nicht.* Und die vierte Strophe antwortet auf die Frage so: *»Ich, ich und meine Sünden, die sich wie Körnlein finden des Sandes an dem Meer, die haben dir erreget das Elend, das dich schläget, und deiner schweren Martern Heer.«* Evangelisches Gesangbuch Nr. 84,3.4; andere Passionslieder nehmen dieses Motiv der Selbstanklage auf.

Für die allermeisten Menschen ist es ein ungeheuerlicher Gedanke, dass sie Schuld daran sein sollten, dass ein Unschuldiger vor 2000 Jahren einen qualvollen Tod sterben musste. Ganz besonders schwer zu verstehen ist diese Übertragung, wenn die Leiden Jesu als drakonische Erziehungsmaßnahmen missbraucht werden: Ein junger Mann sagte mir in einem Seelsorgegespräch, dass er als Kind stets, wenn er etwas angestellt hatte, von seiner Mutter vor das gewaltige Kruzifix im Wohnzimmer gestellt wurde und sich anhören musste, dass der Nagel im linken Fuß Jesu seine, des Kindes Schuld wäre. Wenn das kindliche Vergehen größer war als nur geringfüge Unterlassungen, dann waren es die Nägel in beiden Füßen, bei ganz besonders schweren Verfehlungen und bei schlechten Noten kamen die Hände und schließlich die Herzwunde dazu. »Alles deine Schuld«, sagte die Mutter. Verständlich, dass dieses Kind, zum Mann herangewachsen, weder mit dem gekreuzigten Christus noch mit dem Schuldthema überhaupt irgendetwas zu tun haben wollte.

Der mehrfach preisgekrönte Film »Das weiße Band« zeigt bedrückend deutlich, dass diese unverantwortliche Funktionalisierung des Erlösungstodes Jesu für sehr subjektive und manchmal nahezu sadistische Strafmaßnahmen kein Einzelfall war, sondern ganze Generationen geprägt hat.

Es sollte uns also nicht wundern, dass so viele Menschen in unserem Land so schwer mit der Tatsache umgehen können, dass wir alle schuldig werden, und zwar ständig. Die Angst vor Strafe, auch und gerade vor der Strafe Gottes (und sei sie noch so versteckt und verborgen, diese Angst) ist so groß, als hätte es niemals eine Reformation, ja viel mehr, als hätte es niemals den Erlösungsweg Jesu Christi durch den Tod ins Leben gegeben. Stattdessen sind namhafte Theologen eher bereit, die ganze Kreuzestheologie »abzuschaffen«, anstatt sich zu überlegen, wie wir in die Bewusstheit der Schuld auch die Gewissheit der schon stattgefundenen und immer wieder gewährten Vergebung und Erlösung hineinsprechen können. Sie reagieren damit in wohlfeiler Weise auf den allgemeinen Kirchenverdruss und die vollständige Entfremdung des christlichen Glaubens. Es ist wahrscheinlich einfacher, das Herausfordernde, Störende, heute schwer Vermittelbare aus dem christlichen Weg einfach herauszuschneiden, als den in der Tat manchmal mühsamen Versuch zu unternehmen, die darin liegende Hoffnung auf Erlösung wieder zu vermitteln.

Ich versuche es trotzdem, immer wieder. Manchmal würde es wohl reichen, ganz einfach und ganz unbefangen die biblischen Geschichten wieder anzusehen, sie schlicht ernst zu nehmen und in unsere Zeit hineinzusprechen. Es steht ja alles schon da und von dort her kommt uns der Mut zu, unsere Schuld anzunehmen in der Gewissheit, dass wir angenommen sind, wenn wir es nur zulassen und unsere Angst für einen Augenblick, buchstäblich für einen Augenblick, überwinden.

Die Geschichte über Zachäus ist so eine Augenblicksgeschichte – und eine Ermutigungsgeschichte:

Jesus ging nach Jericho hinein und zog hindurch. Und siehe, da war ein Mann mit Namen Zachäus, der war ein Oberer der Zöllner und war reich. Und er begehrte, Jesus zu sehen, wer er wäre, und konnte es nicht wegen der Menge; denn er war klein von

Gestalt. Und er lief voraus und stieg auf einen Maulbeerbaum, um ihn zu sehen: denn dort sollte er durchkommen. Und als Jesus an die Stelle kam, sah er auf und sprach zu ihm: Zachäus, steig eilend herab, denn ich muss heute in deinem Haus einkehren. Und er stieg eilend herunter und nahm ihn auf mit Freuden.

Als sie das sahen, murrten sie alle und sprachen: Bei einem Sünder ist er eingekehrt. Zachäus aber trat vor den Herrn und sprach: Siehe, Herr, die Hälfte von meinem Besitz gebe ich den Armen und wenn ich jemanden betrogen habe, so gebe ich es vierfach zurück.

Jesus aber sprach zu ihm: Heute ist diesem Hause Heil widerfahren, denn auch er ist Abrahams Sohn. Denn der Menschensohn ist gekommen zu suchen und selig zu machen, was verloren ist. (Lk 19,1–10)

Die Situation ist einfach, »gut« und »böse« sind scheinbar klar unterschieden. Israel ist zur Zeit Jesu von den Römern besetzt, die Juden waren verpflichtet, Steuern und Zölle an die Besatzer zu zahlen. Dafür durften sie in relativer Ruhe vor der römischen Staatsmacht leben. Um diese Steuern und Zölle eintreiben zu können, warben die Römer Juden an, die diese verachtete Arbeit für sie übernahmen, und bezahlten sie dafür gut: jüdische Kollaborateure also, die zwar reich und geschützt, aber unter den Juden noch verachteter waren als die Römer selbst, weil sie die eigenen Schwestern und Brüder verrieten. Ein solcher Zöllner also war Zachäus. Dass er zu all dem auch noch »klein von Wuchs« war, mag eine literarische Finesse des Lukas sein, um die Unwürdigkeit des Zachäus nun auch noch physisch zu bekräftigen.

Aber: Gerade dieser Zachäus, der Verräter und »Mietling« der Römer hat ganz offenbar eine Sehnsucht, mindestens aber eine Neugier: Er will diesen Jesus sehen. Wenigstens das also. Keine vorausgehende Buße, keine Widergutmachung als Zugangsvoraussetzung zum Heil, keine Reinigung und Sühne, *bevor* er Jesus sehen darf. Er muss es nur wollen, und ganz offenbar will er. Nimmt sogar die Mühe auf sich, auf einen Baum zu klettern, der ihm einerseits eine freie Sicht erlaubt, andererseits auch vor den Blicken der anderen ein wenig verbirgt. Es könnte ja sein, dass die allzu Selbstgewissen, die »Gutmenschen« ihm den Blick auf Jesus nicht gegönnt hätten. So aber ist er unbehelligt und wartet mit den anderen auf den, der da kommen soll.

Und wirklich, Jesus kommt, bleibt gerade unter diesem Baum stehen und ruft Zachäus zu, dass er in seinem Hause einkehren muss. Muss! Nicht will, nicht könnte, nicht vielleicht später wiederkommt, falls Zachäus bis dahin bestimmte Bedingungen erfüllt hat – nein, der Menschensohn muss eben dort einkehren, wo er gebraucht wird. Und Zachäus braucht ihn, vielleicht mehr, als er selbst ahnt.

Im Text wird nicht gesagt, ob Jesus den baumsitzenden Zöllner gesehen hat oder ob er intuitiv »wusste«, dass er dort sitzt. Wichtig ist, dass Jesus das Wort an ihn richtet, noch bevor dieser irgendetwas gesagt hat. Dass er sich einlädt bei ihm, bevor dieser sich selbst oder sein Haus oder seine Seele bereitet hat. Jesus kommt einfach, alles andere ist dann die Folge – nicht die Bedingung.

Und dann kommen natürlich die anderen, die es auch immer gibt: Die »Guten«, die »Frommen«, die Neidischen und Kleingeistigen, die Jesus und Gott gleich mit einsperren würden in ihre engen Moralvorstellungen, die ihn so gerne festnageln würden an ihre eigene Version vom gerechten Gott. Alle – das ist wichtig, dass da steht: alle! Wir würden es wohl auch tun. Also: »Alle murrten und sprachen: Bei einem Sünder ist er eingekehrt.« Das gehört sich nicht. Ein Messias, der bei den Verrätern, den Schmutzigen, den Schuldigen, den Mördern, Huren und Räubern einkehrt, ist kein Messias.

Eine Kirche, in der die anderen einen Platz und einen Auftrag und die Gewissheit der Nähe Gottes erfahren, ist keine richtige Kirche. Wer sind heute unsere »Zöllner«? Die Muslime? Die Linken? Die Rechten? Die »Homos«? Die »Heteros«? Die Reichen? Die »Elite«? Die Syrer? Die jeweils andere Konfession?

Aylan? Ist auch Aylan so ein »Zöllner«, nur dass er starb, bevor wir ihn als einen solchen verachten konnten? Vielleicht hätten wir, wäre Aylan ein junger syrischer Mann gewesen oder etwa ein Mann aus Afghanistan, seine Ausweisung gefordert, ganz laut. So aber ist Aylan zu einer Ikone geworden. Wem hilft das?

Es ist wichtig, das eigene Murren zu hören. Vielleicht würden wir dann diesen Jesus leichter finden, diesen Gott des Erbarmens und der Liebe, den viele doch zu finden hoffen. Manchmal jedenfalls. Mag sein, dass er neben denen ist, über die wir am lautesten murren.

Zachäus jedenfalls, glücklich mit seinem unerwarteten Gast, bekennt frei und offen seine Schuld: Dass er reich ist, macht die Armen arm und sein Vermögen ist gesammelt aus Betrug. Und er verspricht mit freiem Herzen Wiedergutmachung. Von Jesus kommt kein Wort des Vorwurfs, kein Wort der Mahnung oder der Maßregelung auf Zukunft hin.

Nichts als lautere Freude: Er spricht von Heil und Seligkeit! Freude, lautere Freude, ohne jeden Zynismus, ohne buchhalterisches Aufrechnen. Dieser Gott ist so unendlich viel größer und so weltenweit freier als unser enges Herz. Wie befreiend ist es, wenn etwas von dieser Freude und eine Ahnung dieser Freiheit unser Herz berührt.

Wie befreiend ist es, wenn wir wirklich verstehen, was ebenfalls im Lukasevangelium, im 15. Kapitel, steht: »So, sage ich euch, wird Freude sein vor den Engeln Gottes über einen Sünder, der Buße tut.« – »Vor den Engeln«? – Ja, natürlich, denn vor den Engeln sitzt Gott und der freut sich über jedes seiner Menschenkinder, das seine Angst überwindet und den Mut hat, ganz einfach zu sagen: Ich war es und es tut mir leid.

Die Freude, die dieses schlichte Bekennen bewirkt, kann glückselig machen, deshalb konnte die Tradition von der »felix culpa«, der glückseligen Schuld sprechen, weil kaum uns etwas so nah an Gottes Herz führt wie das Eingeständnis der eigenen Schuld. Dann erst kann ich ja erlauben, dass er selbst diesen Graben – den Sund, also die Sünde – überwindet und mich zu sich zieht und befreit.

Ein beschwertes und belastetes Gewissen macht eng, zynisch, hart, unter Umständen sehr selbstgerecht. Ein befreites und erlöstes Gewissen ist frei – frei zur Liebe, frei zur Barmherzigkeit und frei, auch Fehler zu machen und sie zu bekennen. Nur durch Fehler wächst ein Mensch und nur durch die Bitte um Entschuldigung wird ein Mensch liebenswert. Der Baal Schem Tov, ein jüdischer Mystiker, sagt es so: »Der Mensch ist nie so schön, als wenn er um Verzeihung bittet.«

Ich stelle mir vor, wie es wäre, wenn morgen früh folgende Nachricht im Radio gemeldet würde:

Vertreter des Bundesinnenministeriums haben nach einer nächtlichen Sitzung eingeräumt, die Lage in Afghanistan falsch eingeschätzt zu haben. Nach jederzeit öffentlich zugänglichen Erkenntnissen des Auswertigen Amtes kann Afghanistan nicht als sicheres Herkunftsland eingeschätzt werden, ebenso wenig wie Syrien oder Serbien, sofern es sich bei den aus Serbien geflüchteten Asylbewerbern um Angehörige der Gemeinschaft der Roma handelt. Betroffene Asylbewerber werden wegen der zugefügten Ängstigung und der erlittenen Umstände um Entschuldigung gebeten und aufgefordert, ihre Asylanträge erneut prüfen zu lassen.

Und in der nächsten Meldung hieße es dann:

Die Vollversammlung der Vereinten Nationen unterbricht nach einer bewegenden Rede ihres Generalsekretärs Ban Ki Moon die laufenden Geschäfte und begibt sich geschlossen in eine mehr-

wöchige Klausur. Sie wird dabei begleitet von Papst Franziskus sowie den Oberhäuptern aller vertretenden Religionen, um ein gemeinsames Schuldbekenntnis zu formulieren und anschließend in einem gemeinsamen Gottesdienst die Vergebung des Lebendigen zu empfangen.

Anschließend werden Friedensverhandlungen in aller Welt aufgenommen.

Die Verantwortlichen der Rüstungskonzerne werden während dieser Zeit der Klausur aufgefordert, die Umbaumaßnahmen sämtlicher Waffensysteme einzuleiten, deren Stahl und andere Rohstoffe dringend für den Wiederaufbau der zerstörten Länder gebraucht werden.

Generalsekretär Ban Ki Moon wird nach dem Ende seiner Amtszeit zum Ehrenvorsitzenden auf Lebenszeit ernannt.

Ich schreibe diese Gedanken am 14. Dezember 2016, mitten in der Adventszeit also, kurz vor Weihnachten. Zeit, die Wunschzettel zu schreiben. Das war meiner.

Karfreitagszauber

Alienor, meine dunkle Freundin, und ich sitzen an dem Teppich, den wir hier weben. Es sieht alles noch so ein bisschen wirr aus, ein bisschen zufällig. Vielleicht zu verwirrend? Nein, sagt Alienor in ihrer ernsten und ruhigen Art. Nein. Nicht zu verwirrend. Das Leben ist so. Du bist so. Alles wird getragen durch ein Gewebe, das darunter ist. Oder darüber. Oder eben mittendrin. Je nachdem. Unsichtbar ist es, aber es trägt.

So ist sie, Alienor. Spricht im Geheimnis. Im Rätsel nicht. Rätsel kann man lösen. Geheimnisse muss man leben.

Bist du also beim Freitag angekommen. Das ist keine Frage, also schweige ich.

Ihre Finger streichen ganz zart über den kleinen blauen und den kleinen roten Farbtupfer im Gewebe. Aylans Hose, Aylans Hemdchen. Kleiner Junge, sagt sie leise.

Wir schweigen. Welche Farbe hinterlässt das Schweigen in einem Gewebe?

Als hätte sie meine Gedanken gelesen, was sie ständig tut, fragt sie mich unvermittelt: Welche Farbe geben wir dem Karfreitag?

Sie hat mich wieder ertappt. Ich wollte mich davonstehlen. Dachte, es wäre nun erledigt mit dem Freitag, dem Tag des Kreuzes, dem Tag des Leidens. Mit Alienor geht das aber nicht, das Davonstehlen.

Vielleicht – Lila? Frage ich sie vorsichtig.

Sie lächelt ihr Alienor-Lächeln und sagt: Streng dich doch nicht an, mir etwas vorzumachen.

Stimmt. Auch das war wieder ein Ausweichen.

Lila ist die liturgische Farbe der Bußzeit. Rot für die Erde, blau für den Himmel, beides gemischt schafft Begegnung, Versöhnung, Liebe. Lila – die Farben von Aylan.

Versöhnung und Liebe im Angesicht der Liebe Gottes.

Wie schön wäre das.

Aber das habe ich nicht gedacht.

Du hast »Schwarz« gedacht, sagt Alienor.

Ja, ich habe »Schwarz« gedacht.

Schwarz wie der Tod. Schwarz wie das Nichts.

Sie stecken sehr tief, die Vorstellungen vom schwarzen Tod.

Obwohl ich es anders glaube. Aber welche Farbe hat »anders«?

Während ich nachdenke, legt Alienor ein paar Fäden von einem lichten Grün vor sich hin. Daneben Hellblau, Rot, Rosa, ein warmes Gelb. Auch Dunkelblau, natürlich, und ein weiches Violett wie von Frühlingsveilchen. Ein fröhliches Hellblau wie von einem glitzernden Bach, in dem ein seidiger Himmel spielt. Sonnenlicht in allem. Sie wirkt tief versunken und heiter dabei.

Erstaunt schaue ich sie an. Was sieht sie, was ich nicht sehe?

Während sie die Fäden ordnet zu einem Muster, das wahrhaftig wie eine überaus lebendige Frühlingswiese voller Zärtlichkeit und Kraft leuchtet und atmet, schauen ihre Augen in ihrem Zimmer umher. Dann steht sie auf und nimmt ein Holzkreuz von der Wand. Es ist ein altes Kreuz, blank schon an den Rändern, viele Menschen haben es in der Hand gehalten, vielleicht Trost darin gesucht. Vielleicht Trost gefunden darin.

In der Mitte des Kreuzes – lebt ER. Das ist das Besondere an diesem kleinen Kunstwerk. Der Holzschnitzer hat es vermocht, den Gekreuzigten so zu zeigen, dass er zwar wirklich am Kreuz hängt und vielleicht auch daran schon gestorben ist – die Augen sind geschlossen –, zugleich aber ein großer Friede und eine so große Liebe in seinem Gesicht lebt, dass ER unmöglich noch tot sein kann. Nicht mehr. ER, der da an diesem Kreuz lebt, war tot, und siehe, ER lebt. ER ist lebendig mitten in einem Leben, das ich nur erahnen kann.

Alienor legt das Kreuz in die Mitte ihrer Frühlingswiese. Fast erwarte ich, dass ER jetzt aufsteht und umhergeht. Lächelnd.

Das ist die Mitte, sagt sie nur.

Die Mitte der Wiese, die Mitte des Teppichs. Die Mitte des Buches. Alles andere ordnet sich um dieses Geheimnis von Tod und Leben, von Sterben und Lieben, von Hingabe und Erlösung.

Ja, sie hat recht, ich spüre das.

Und muss doch auch verstehen. Zumindest versuchen zu verstehen. Deshalb frage ich sie, wie ich auch so oft gefragt werde.

Warum muss er denn sterben? Warum soll denn Tod sein, damit Erlösung wird? Warum denn ein Marterwerkzeug als Sinnbild für das Leben?

Alienor lächelt ihr Lächeln – ein kleines bisschen spöttisch und sehr liebevoll.

Ach, liebe Freundin, du predigst auch immer nur für die anderen, nicht wahr?

Der leise Spott in ihrer Stimme irritiert mich ja doch.

Was soll das heißen?

Das heißt, sagt sie jetzt ernst, dass du die Antworten auf deine Fragen alle Jahre in deiner eigenen Karfreitagspredigt beantwortest. Und seit Jahren ist die jedes Mal relativ ähnlich.

Plötzlich erkenne ich, was sie mit den farbigen Fäden und dem Kreuz in der Mitte gewoben hat. Tatsächlich – das ist genau die Predigt, die ich am Karfreitag gehalten habe und die ich auch nicht selbst erdacht, sondern gehört habe bei denen, die das Geheimnis kennen.

Alienor hat den Karfreitagszauber gewebt. Während ich tief bewegt auf den Teppich schaue, ist sie leise aufgestanden und hat ein paar Blätter aus einer Schublade genommen. Sie setzt sich mir gegenüber und beginnt mit leiser Stimme zu lesen.

Sie liest, ich traue meinen Ohren kaum, wahrhaftig die Worte vom Karfreitagszauber und webt so Buch und Teppich in eins:

Predigt zum Karfreitag
Text: Johannes-Evangelium, 19. Kapitel

Wie hält ER das aus?

Geschlagen mit allem Elend der Welt, angenagelt an ein Kreuz.

So schaut er auf die, die stehend zu ihm aufschauen, spöttisch oder verzweifelt – und sorgt noch in größtem Leiden für sie.

Frau, siehe, das ist dein Sohn.

Und zu seinem Lieblingsjünger: Siehe, das ist deine Mutter.

Er sieht die Not der Herzen, fühlt die Einsamkeit, leidet selbst jetzt noch die Angst und die Verzweiflung der andern mit, und schafft zumindest Gemeinschaft im Leiden.

Wie hält er das aus?

Wie hält er aus, dass wir ihm alles Leiden dieser Welt sagen in Gottesdienst und Fürbitte, auf dem Kreuzweg und in stiller Anbetung – und doch so wenig selbst tun können oder tun wollen, um es wirklich zu lindern, dieses Leiden der Welt?

Jesus aber leidet, hält uns aus, hält diese Welt aus, hält das Leiden an Seiner eigenen Liebe aus, ohne zu verbittern, ohne uns zu verlassen, ohne aufzugeben.

Er hält Seine eigene Ohnmacht aus.

Und Er liebt bis zuletzt – fürsorglich, ohne Zorn und Rachegedanken, so ohne den leisesten Anflug von Vorwurf oder Vergeltungswillen.

Sieht er mehr als wir – noch am Kreuz?

Weiß er mehr über das Geheimnis dieses Todes – selbst jetzt noch, da er selbst stirbt?

Ein Halbsatz war es, der mich beim Lesen des Evangeliums hat aufhorchen lassen:

Da heißt es: Danach, als Jesus wusste, dass schon alles vollbracht war, spricht er: Mich dürstest.

Als Jesus wusste, dass schon alles vollbracht war.

Was ist schon vollbracht?

Er leidet doch noch, die Welt ist doch nicht erlöst, Schmerz und Schuld sind doch noch allgegenwärtig – was ist denn vollbracht?

Und doch – Christus schaut sterbend am Kreuz die Wirklichkeit Gottes. Er öffnet uns die Augen für diese Wirklichkeit, die da ist, sich öffnet, sich uns zuneigt voller Erbarmen – was auch immer wir hier auf der Erde wahrnehmen.

In dieses Erbarmen, in diese grundlose Liebe hat Jesus sich hingegeben, er hat ja schon eingewilligt, diesen Weg für uns zu gehen, das Tor zu Gott offen zu halten.

Damit ist das Heil geschehen.

Damit hat er uns erlöst – mag sich unseren äußeren Sinnen diese Erlösung auch so ganz anders darstellen.

Christus leidet nicht nur unser Menschenleiden. Er leidet für uns, für jede und jeden für uns, um in unser Leiden hinein die Liebe Gottes, diese unbedingte, allerbarmende, alles umfassende Liebe hineinzuleben, hinein zu lieben.

Also hat GOTT die Welt geliebt.

Also hat Gott in seinem Sohn die Welt geliebt.

Es ist vollbracht. Für uns – für jede und jeden und nichts und niemand kann uns mehr scheiden von dieser Liebe.

Weder Tod noch Leben, weder Engel noch Mächte noch Gewalten, weder Gegenwärtiges noch Zukünftiges, weder Hohes noch Tiefes noch eine andere Kreatur kann uns scheiden von der Liebe Gottes, die in diesem gekreuzigten Christus ist, unserem Herrn.

Welch ein Geschenk ist das. Welch ein Trost für diese zerquälte Welt. Welch ein Leben, das sich da regt.

Bei Richard Wagner tritt Parsifal, der ewig scheiternde Gralsritter, an einem Karfreitag auf eine blühende Frühlingswiese und singt sein Erstaunen:

»Wie dünkt mich doch die Aue heut so schön. Wohl traf ich Wunderblumen an …«

Und er hört als Antwort: »Das ist Karfreitagszauber … Herr!«

Er erschrickt : »O wehe, des höchsten Schmerzestages, da sollte, wähn ich, was da blüht, was atmet, lebt und wieder lebt, nur trauern, ach, und weinen.«

»Du siehst, es ist nicht so! Es freut sich alle Kreatur auf des Erlösers holder Spur. Der Mensch – er fühlt sich frei von Sündenlast und Grauen durch GOTTES Liebesopfer rein und hell.«

Karfreitagszauber!
Was für ein Wort, das Schmerz und Leid in Liebe und Vergebung verwandelt.

Klagen und Weinen werden still angesichts dieses »Es ist vollbracht!«

Die Schuld ist vergeben. Der Schmerz gelitten. Der Tod gestorben.

Wir spüren davon nur manchmal etwas.

Oft überwiegt noch Angst und Beschämung und Klage. Aber gerade dann und gerade deshalb will ich mich daran erinnern an dieses: Es ist vollbracht! Das Heil ist da und es ist geschenkt – in Seiner Erlösung.

Christus bringt Leben, und er bringt es heute!

Für jede und jeden von uns.

Für dich, sagt uns das Kreuz. Nun bist du frei, nun bist du mitten im Leben, denn es gibt keinen Tod mehr.

Was immer geschieht: Du lebst in der Liebe Gottes. Für immer.

Das genügt, das ist das Evangelium, die frohe Botschaft am Karfreitag.

Alienor schaut mich an.

Ein großer Friede erfüllt mich.

Ja, es ist vollbracht.

VII.

Besuch einer Königin, präfaktisch

Freitagabend, 17.30 Uhr, S-Bahnhof Schönhauser Allee. Die S-Bahn Richtung Ostkreuz fährt vor meiner Nase davon. Ich bin zu müde, um mich zu ärgern, außerdem ist es kalt, sodass ich mich lieber in meinen dicken Mantel verkrieche, als aus der Haut zu fahren.

So betrachte ich die Reklametafeln, die dem Bahnsteig gegenüber die Blicke der Wartenden auf sich ziehen.

Was ich sehe, ist grotesk. So grotesk wie die Welt, in der wir leben. Direkt vor mir hängt ein Plakat, das ein schwarzes, gänzlich ausgezehrtes Kind zeigt. Es krümmt sich leicht zusammen, die staubigen Hände greifen ins Nichts. Die Farben des Fotos sind seltsam blass, so als wäre die Linse des Fotoapparates verstaubt.

Darüber steht in großen weißen Blockbuchstaben: ES REICHT! Stimmt. Es reicht mit diesem Elend in der Welt. Es reicht mit diesem globalen Wirtschaftsausbeutungssystem, dass die Reichen reicher und die Armen immer ärmer und die Herzen immer härter werden. In etwas kleineren Buchstaben darunter steht dann: »Für alle. Mit Ihrer Spende.«

Aha, dieser Ausruf: ES REICHT! soll gar kein Aufruf zur weltweiten Revolution sein (hätte ich mir ja denken können), sondern hat werbetechnisch geschickt mit Worten gespielt, um die Botschaft zu verbreiten: Die Nahrungsmittel und Güter dieser Erde würden tatsächlich für alle reichen, wenn sie um Himmels- und der Menschen willen gerecht verteilt und nicht als Spekulationsobjekte missbraucht würden. Es würde reichen, wenn wir alle, aber erst recht die reichen Industrienationen, endlich teilen würden ohne die Erwartung, dass wir es bezahlt bekommen! Womit sollen sie denn bezahlen, diese hungernden Kinder?

Im nächsten Augenblick fällt mein Blick auf die unmittelbar daneben hängende Plakatwand und ich muss fast lachen, wenn es nicht so erschütternd wäre in dieser Unmittelbarkeit: Da stehen schöne, wohlgenährte, fröhliche junge Menschen lässig entspannt, gut angezogen und ganz offensichtlich hochbeglückt auf einer Art rotem Bogen, der zwei Worte überspannt: Allee-Arkaden. Darunter dann schwungvoll über das ganze Arrangement: Die neue Kundenkarte ist da! Einkaufen für alle!

Für alle. Noch mal ... Ach ja? Auch für das afrikanische Kind gleich nebenan, für das gar nichts reicht?

Ich bin sicher, dass das große Kaufhaus in der Nähe dieser S-Bahnstation nicht beabsichtigt hat, dass das eigene Werbeplakat unmittelbar neben dem Spendenaufruf der Welthungerhilfe hängt. Es wurde aber auch nicht verhindert, auch nicht von denen, die für die Anbringung zuständig waren. Beide Einrichtungen haben bezahlt und gut ist. Das reicht. Ob und wie diese beiden Plakate und die anderen nebenan sich gegenseitig kommentieren oder interpretieren, spielt erst mal keine Rolle. Sie tun es aber trotzdem, diese Kundgebungen im öffentlichen Raum, und dieser Bahnsteig hier bietet diesbezüglich wirklich eine Meisterleistung: Hier inszeniert sich unsere groteske Lebenshaltung in Werbeplakaten. Das hungernde Kind neben Einkaufen für alle.

Was wäre die Alternative? Das eine oder das andere Plakat hier nicht hinzuhängen, sondern nur an passenden Orten? Und was wäre der passende Ort für das hungernde Kind? Die Kirche vielleicht, da erwartet man dergleichen.

Vielleicht kommen auch deshalb so wenige Menschen in die Kirche. Einkaufen für alle macht eben mehr Spaß als Spenden für alle.

Ich drehe mich um, immer noch 5 Minuten bis zur nächsten S-Bahn, mal sehen, was es sonst noch für Mitteilungen aus der Werbebranche gibt. Und da entdecke ich einen handgeschriebenen großen Spruch in einer Mauernische, den offenbar ein Spaßvogel, ein sehr kreativer sogar, geschrieben hat. Da steht in sauberen, gelben Druckbuchstaben, schön groß und leuchtend:

»Was macht ihr eigentlich,
ihr flinken Sekundenhorter,
mit all der Zeit, die ihr spart,
wenn ihr ›lg‹ tippt
statt lieb zu grüßen?«

Genial! Da schreibt jemand mein stetes Unbehagen und bringt es in fröhlich-lyrische Form! Denn jedes Mal, wenn mir jemand unter eine WhatsApp, eine SMS oder eine Mail dieses irgendwie abgebissene und verschluckte »lg« schreibt, bin ich irritiert. »Lieb« grüße ich ja nun nicht jeden, das ist ja schon ein Zeichen einer gewissen Nähe. Wenn du schon, so denke ich dann, wenn du mich schon »lieb grüßen« willst, dann nimm dir doch auch noch die fünf Sekunden mehr, um wirklich lieb zu grüßen. So aber tragen die abgekürzten Worte den Inhalt nicht mehr. Wenn die Liebe, mit der da gegrüßt wird, nicht einmal 5 Sekunden wert ist, dann könnten ihre Dauer und ihre Tiefe durchaus begrenzt sein. Dann würde es vielleicht auch ein »vg« oder ein »fg« tun. Eigentlich wäre es dann völlig ausreichend, nur noch »g« zu schreiben. Oder gar nichts. Ein Namenskürzel vielleicht, aber auch das fällt mir auf: Anrede und Namen werden ebenfalls mehr und mehr »gespart« – die Empfängerin weiß ja, wer gemeint ist und der Absender steht ja im Display – vorausgesetzt, dass die Nummer vorher mit dem Namen gespeichert wurde. Wenn nicht, ergibt sich der Absender aus dem Inhalt. Manchmal. Ich habe schon oft zurückgefragt, wer mir da eigentlich geschrieben hat.

Das Fehlen von Anrede und Abschiedsgruß verstärkt dieses Gefühl, ständig »auf Sendung« zu sein. Wenn ich mit einem Menschen immer und immer im selben Raum bin, werde ich mich von ihm nicht verabschieden. Auch die Anrede erübrigt sich, vorausgesetzt, dass wir nur zu zweit in einem Raum sind. Aber sind wir das? Will ich das?

Ich ahne schon, dass den Menschen, die so schreiben, derlei Gedanken ganz fern liegen. Aber so kommt es an und der Wandpoet am S-Bahnhof Schönhauser Allee hat es wunderbar erfasst.

Liebe, Zuwendung, auch ein virtueller Gruß braucht Zeit oder er wird eben überlesen, nicht wahrgenommen. Wie schön ist es, einen Menschen, auch einen vertrauten Menschen, mit seinem Namen anzureden. Vielleicht sogar mit einem Namen, der nur in unserer ganz eigenen »Zwiesprache« vorkommt. Jemanden mit Namen anzureden und sich von ihm oder ihr auch wieder zu verabschieden, hat etwas mit Respekt und Achtung voreinander zu tun. Es ist wie ein Anklopfen an einer Tür, bevor ich in einen Raum eintrete. Und mit einem Gruß verabschiede ich mich, wenn ich mich aus einem Raum, der nicht mein eigner ist, zurückziehe. Warum gehen uns diese Zeichen der Achtsamkeit verloren? Wofür brauchen wir die paar Sekunden, die wir sparen durch diese Abkürzungen? Um schnell die nächste WhatsApp zu schreiben? Und noch eine und noch eine? Wie lange wollen wir Zeit sparen und wofür?

Natürlich fällt mir an dieser Stelle die wunderbare Geschichte von Heinrich Böll vom »Zufriedenen Fischer« ein. Und weil es möglicherweise Menschen gibt, die sie noch nicht kennen, schreibe ich sie hier auf. Sie ist so gut, finde ich, dass wir sie auch immer wieder lesen können:

In einem Hafen an einer westlichen Küste Europas, liegt ein ärmlich gekleideter Mann in seinem Fischerboot und döst. Ein schick angezogener Tourist legt eben einen neuen Farbfilm in seinen Fotoapparat, um das idyllische Bild zu fotografieren: blauer Himmel, grüne See mit friedlichen, schneeweißen Wellenkämmen, schwarzes Boot, rote Fischermütze. Klick. Noch einmal: klick, und da aller guten Dinge drei sind und sicher sicher ist, ein drittes Mal: klick.

Das spröde, fast feindselige Geräusch weckt den dösenden Fischer, der sich schläfrig aufrichtet, schläfrig nach seiner Zigarettenschachtel angelt. Aber bevor er das Gesuchte gefunden, hat ihm der eifrige Tourist schon eine Schachtel vor die Nase gehalten, ihm die Zigarette nicht gerade in den Mund gesteckt, aber in die Hand gelegt, und ein viertes Klick, das des Feuerzeuges, schließt die eilfertige Höflichkeit ab. Durch jenes kaum messbare, nie nachweisbare Zuviel an flinker Höflichkeit, ist eine gereizte Verlegenheit entstanden, die der Tourist – der Landessprache mächtig – durch ein Gespräch zu überbrücken versucht.

»Sie werden heute einen guten Fang machen.«

Kopfschütteln des Fischers. »Aber man hat mir gesagt, dass das Wetter günstig ist.« Kopfnicken des Fischers.

»Sie werden also nicht ausfahren?« Kopfschütteln des Fischers, steigende Nervosität des Touristen. Gewiss liegt ihm das Wohl des ärmlich gekleideten Menschen am Herzen, nagt an ihm die Trauer über die verpasste Gelegenheit. »Oh? Sie fühlen sich nicht wohl?« Endlich geht der Fischer von der Zeichensprache zum wahrhaft gesprochenen Wort über.

»Ich fühle mich großartig«, sagt er. »Ich habe mich nie besser gefühlt.« Er steht auf, reckt sich, als wollte er demonstrieren, wie athletisch er gebaut ist. »Ich fühle mich phantastisch.«

Der Gesichtsausdruck des Touristen wird immer unglücklicher, er kann die Frage nicht mehr unterdrücken, die ihm sozusagen das Herz zu sprengen droht: »Aber warum fahren Sie dann nicht aus?« Die Antwort kommt prompt und knapp.

»Weil ich heute Morgen schon ausgefahren bin.« »War der Fang gut?«

»Er war so gut, dass ich nicht noch einmal auszufahren brauche. Ich habe vier Hummer in meinen Körben gehabt, fast zwei Dutzend Makrelen gefangen.«

Der Fischer, endlich erwacht, taut jetzt auf und klopft dem Touristen auf die Schulter. Dessen besorgter Gesichtsausdruck *erscheint ihm als ein Ausdruck zwar unangebrachter, doch rührender Kümmernis. »Ich habe sogar für morgen und übermorgen genug!« sagte er, um des Fremden Seele zu erleichtern. »Rauchen Sie eine von meinen?«*

»Ja, danke.«

Zigaretten werden in Münder gesteckt, ein fünftes Klick. Der Fremde setzt sich kopfschüttelnd auf den Bootsrand, legt die Kamera aus der Hand, denn er braucht jetzt beide Hände, um seiner Rede Nachdruck zu verleihen. »Ich will mich ja nicht in Ihre persönlichen Angelegenheiten mischen«, sagt er, »aber stellen Sie sich mal vor, Sie führen heute ein zweites, ein drittes, vielleicht sogar ein viertes Mal aus, und Sie würden drei, vier, fünf, vielleicht sogar zehn Dutzend Makrelen fangen. Stellen Sie sich das mal vor!«

Der Fischer nickt.

»Sie würden«, fährt der Tourist fort, »nicht nur heute, sondern morgen, übermorgen, ja, an jedem günstigen Tag zwei-, dreimal, vielleicht viermal ausfahren – wissen Sie, was geschehen würde?«

Der Fischer schüttelt den Kopf.

»Sie würden sich in spätestens einem Jahr einen Motor kaufen können, in zwei Jahren ein zweites Boot, in drei oder vier Jahren könnten Sie vielleicht einen kleinen Kutter haben, mit zwei Booten oder dem Kutter würden Sie natürlich viel mehr fangen – eines Tages würden Sie zwei Kutter haben, Sie würden…«, die Begeisterung verschlägt ihm für ein paar Augenblicke die Stimme, »Sie würden ein kleines Kühlhaus bauen, vielleicht eine Räucherei, später eine Marinadenfabrik, mit einem eigenen Hubschrauber herumfliegen, die Fischschwärme ausmachen und Ihren Kuttern per Funk Anweisung geben, sie könnten die Lachsrechte erwerben, ein Fischrestaurant eröffnen, den Hummer ohne Zwischenhändler direkt nach Paris exportieren – und dann…« – wieder verschlägt die Begeisterung dem Fremden die Sprache.

Kopfschüttelnd, im tiefsten Herzen betrübt, seiner Urlaubsfreude schon fast verlustig, blickt er auf die friedlich hereinrol-

lende Flut, in der die ungefangenen Fische munter springen. »Und dann«, sagt er, aber wieder verschlägt ihm die Erregung die Sprache. Der Fischer klopft ihm auf den Rücken wie einem Kind, das sich verschluckt hat. »Was dann?«, fragt er leise.

»Dann«, sagt der Fremde mit stiller Begeisterung, »dann könnten Sie beruhigt hier im Hafen sitzen, in der Sonne dösen – und auf das herrliche Meer blicken.«

»Aber das tu ich ja schon jetzt«, sagt der Fischer, »ich sitze beruhigt am Hafen und döse, nur Ihr Klicken hat mich dabei gestört.« Tatsächlich zog der solcherlei belehrte Tourist nachdenklich von dannen, denn früher hatte er auch einmal geglaubt, er arbeite, um eines Tages einmal nicht mehr arbeiten zu müssen. Aber es blieb keine Spur von Mitleid mit dem ärmlich gekleideten Fischer in ihm zurück, nur ein wenig Neid.

Warum Neid? Warum nicht überlegener Stolz darauf, dass er, der Tourist, im Gegensatz zum Fischer weiß, worauf es im Leben wirklich ankommt? Weil es darauf eben nicht ankommt. Zuletzt wünschen wir uns wohl nicht wirklich Geld, Einfluss, Überfluss. Eigentlich und zutiefst wünschen sich jedenfalls sehr viele von uns Ruhe. Zeit, die wir selbst so gestalten können, wie wir möchten. Mit den gegebenen Notwendigkeiten, gewiss – der Fischer fährt ja durchaus hinaus, um seinen Lebensunterhalt zu verdienen, aber eben nicht über die Notwendigkeiten hinaus.

Genau das tun aber die meisten von uns und wir werden von klein auf, so scheint mir, dazu erzogen, immer mehr und mehr und mehr *haben* zu wollen. Geld, Besitz, Freunde, Häuser, Macht. Wir werden eher selten dazu erzogen, mehr *sein* zu wollen, und wenn doch, dann wird das Sein wieder in das Maß des Habens gestellt.

Das heißt: Wenn du Künstler sein willst, dann sorge dafür, dass du dafür Geld hast. Wenn du Fischer sein willst, dann sieh zu, dass du immer mehr Fische fängst (bis die Nordsee leergefischt ist). Wenn du Lehrerin sein willst, dann achte darauf, dass du dort arbeitest, wo du das meiste Geld für deine Arbeit bekommst. Und so weiter.

Wir leben in einem gnadenlosen Diktat des »Mehr« und dieses Mehr ist immer ein Mehr an materiellen Gütern.

Einmal saß ich in einer politischen Diskussionsrunde. Vertreter verschiedener Parteien sprachen über die Berliner Situation. Vor mir saß ein alter, einfach gekleideter Mann. Irgendwann drehte er sich um und sagte in eine unbestimmte Richtung in schönstem Berliner Dialekt: »Ick weeß ooch nich. Früher ham wa inna Diktatur des Proletariats jelebt. Heute leben wa inna Diktatur des Kapitals. Ick bin ma nich sicher, wat besser is.« »Ick ooch nich«, habe ich im selben Dialekt gedacht, dessen ich durchaus mächtig bin, wenn ich ihn mir erlaube.

Natürlich weiß ich, dass Überwachung und fehlende Reiseerlaubnis zu allgegenwärtiger Angst geführt haben bei vielen. Nur dass eben genau dies heute wieder als das zentrale gesellschaftliche Problem beschrieben wird: Angst bei vielen. Und im Gegensatz zu einer damals real nachvollziehbaren Angst vor Überwachung und Freiheitsberaubung ist die Angst heute irreal und diffus.

Angst vor Ausländern, Angst vor Krieg, Angst vor Arbeitslosigkeit, Angst vor der Angst. Diese Angst wird geschürt, manipuliert, ausgenutzt. Bis vor einem Jahr hatte ich noch keine Ahnung, was »fake news« sind – vielleicht, weil sie damals einfach »Falschmeldungen« hießen, und »fake news« klingt schon per se irgendwie dramatischer, spitzer, aggressiver.

Vor einem Jahr hatte ich das Wort »postfaktisch« noch nicht gehört. Jetzt, am Ende des Jahres 2016, ist es zum Wort des Jahres gewählt worden. Was für ein völlig irreales Wort, das zugleich unsere mitteleuropäische Lebenswelt, zumal die deutsche wohl, unglaublich treffend beschreibt: Post faktisch heißt ja wohl so viel wie »nach wirklich«. Wir leben also in einer Art Unwirklichkeit, die die Wirklichkeit der realexistierenden Gegenwart hinter sich gelassen hat. So eine Science Fiction mitten in unserem Alltag. Nur dass diese »Science-Fiction-Ebene« nicht dem Vergnügen dient und dann mittels Knopfdruck abgeschaltet wird, sondern gleichsam in unseren Köpfen implantiert wird und unsere Wahrnehmung und Handlungen bestimmt.

Dieses Phänomen hat Paul Watzlawick schon 1983 in seinem wunderbaren Buch »Anleitung zum Unglücklichsein« in der sehr treffenden »Geschichte mit dem Hammer« karikiert:

Ein Mann will ein Bild aufhängen. Den Nagel hat er, nicht aber den Hammer. Der Nachbar hat einen. Also beschließt unser Mann, hinüberzugehen und ihn auszuborgen. Doch da kommt ihm ein Zweifel: Was, wenn der Nachbar ihm den Hammer nicht leihen will? Gestern schon grüßte er ihn nur so flüchtig. Vielleicht war er in Eile. Aber vielleicht war die Eile nur vorgeschützt, und er hat etwas gegen ihn. Und was? Er hat ihm nichts angetan; der bildet sich da etwas ein. Wenn jemand von ihm ein Werkzeug borgen wollte, er gäbe es ihm sofort. Und warum sein Nachbar nicht? Wie kann man einem Mitmenschen einen so einfachen Gefallen ausschlagen? Leute wie der Kerl vergiften einem das Leben. Und dann bildet der Nachbar sich noch ein, er sei auf ihn angewiesen. Bloß weil er einen Hammer hat. Jetzt reicht's ihm aber wirklich. Und so stürmt er hinüber, läutet, der Nachbar öffnet, doch noch bevor er »Guten Morgen« sagen kann, schreit ihn unser Mann an: »Behalten Sie Ihren Hammer, Sie Rüpel!«

Inzwischen hat unsere Realität diese liebevoll ironische Skizze des Cholerikers noch überholt: Heute würde der arme Mann ohne Hammer gar nicht sicher sein können, ob der Nachbar – möglicherweise ein geflohener Syrer – wirklich einen Hammer hat. Wahrscheinlich hat er keinen. Überall aber in unseren

Medien wäre zu lesen und zu hören, dass sämtliche Hämmer der Republik mittlerweile von den Geflüchteten gehortet und den ehrbaren deutschen Handwerkern vorenthalten würden. Es gäbe Parteien, deren ganzes Wahlprogramm sich auf einen einzigen Satz konzentrieren würde: Die Flüchtlinge haben unsere Hämmer geklaut, wehrt euch! Diese Partei würde hohe Wahlergebnisse haben, das Abzeichen der Partei wäre zukünftig ein Hammer (auch hier hat die Realität die Satire bereits eingeholt, jedenfalls sehe ich immer öfter Menschen, die einen Hammer um den Hals tragen und damit eine bestimmte geistige Haltung kundtun) und unser Mann würde in der Wohnung des Nachbarn sämtliche Werkzeuge bis hin zum Dosenöffner konfiszieren, weil die schließlich potenzielle Hämmer sein könnten.

Postfaktisch also heißt: Es ist inzwischen egal, ob etwas im realen Sinn wahr ist oder nicht. Vielmehr wird ein Sachverhalt so lange behauptet, bis er in den Köpfen derer, denen dieser behauptete, aber irreale Sachverhalt irgendwie dienlich ist, sich so verhalten, als wäre die Unwahrheit Wirklichkeit. Irgendwann fragt keiner mehr danach, wie es eigentlich wirklich war. Und wer doch fragt, wird entweder des Wahns bezichtigt oder anders (mund)tot gemacht. So war es jedenfalls gängige Praxis deutscher Diktaturen.

Das britische Meinungsforschungsinstitut *Ipsos mori* hat eine Umfrage in mehreren Ländern durchgeführt und darin die Einwohner gefragt, wie hoch ihrer Meinung nach der Anteil von Muslimen im eigenen Land sei. Die Einschätzungen der Befragten lagen teilweise dramatisch höher als der wirkliche Anteil muslimischer Menschen in diesem Land. Lenz Jacobsen schreibt in einer Kolumne zu der Statistik von *Ipsos mori* am 17. November 2016 um 7.40 Uhr in der Online-Ausgabe der »Zeit«:

Der islamische Terrorismus ist zwar statistisch kaum relevant, kommt aber von außen. Er passt zur chronischen Skepsis, mit der Menschen Fremdem begegnen, und die oft in Fremdenangst umschlägt. Hier blasen gewissermaßen die starken Emotionen die dünnen Zahlen auf. Das Ergebnis ist, dass trotz der Statistik viele Menschen islamistischen Terror als große Bedrohung wahrnehmen.

Dazu tragen natürlich Medien bei, sie können kaum anders. Medien problematisieren. Sie vergrößern einzelne Zustände, indem sie die Lupe draufhalten. Schließlich versprechen sie ihren Lesern und Zuschauern, ganz nah ran zu kommen. Es kann aber dazu führen, dass das, was da unter die Lupe und in die Schlagzeilen geholt wird, unverhältnismäßig groß erscheint.

Überall dort, wo sich eine besonders große Lücke zwischen Statistik und Wahrnehmung auftut, bietet sich dem Populismus ein Einfallstor. Denn je stärker die Wahrnehmung eines Themas durch Gefühle und nicht durch Zahlen und Argumente bestimmt wird, desto leichter haben es Politiker, die sowieso nicht argumentieren wollen. Und alle anderen dringen dann mit ihrer Rationalität kaum noch durch.

Vielleicht ist das politisch Aufschlussreichste an den Statistiken von Ipsos Mori deshalb nicht, dass menschliche Wahrnehmung überhaupt von Statistik abweicht, sondern bei welchen Themen sie in welche Richtung abweicht. Was unterschätzt und was überschätzt wird, kann einen Hinweis darauf geben, welche Themen wie stark emotionalisiert sind. Bei fast keinem Thema überschätzen Menschen die Zahlen so stark wie bei der Zahl der Muslime in ihrem Land. In den USA lag die Schätzung 2014 bei 15 Prozent, tatsächlich ist es nur 1 Prozent. Die Franzosen schätzten den Anteil auf 31 Prozent, obwohl es nur 8 sind. In Deutschland liegen Realität (6 Prozent) und Wahrnehmung (19 Prozent) ebenfalls weit auseinander.«

Mit anderen Worten: Unsere Ängste vor Ausländern werden sehr bewusst erzeugt und benutzt. Die Folgen dieses Missbrauchs unserer Wahrnehmung und Gefühle sind wiederum Angst vor der (wirklichen) Wahrheit, denn dann müsste ich ja eingestehen, dass ich mich habe manipulieren lassen. Dann müssten wir vielleicht zugeben, dass es ja manchmal ganz angenehm ist, auf einen anderen, äußeren, unbekannten, eben Fremden all meinen Zorn und meine Unsicherheit legen zu können, anstatt mich selbst in mühsame und manchmal frustrierende Auseinandersetzungen mit meinen eigenen Landsleuten begeben zu müssen.

Das Prinzip ist uralt: Bei den Römern schon hieß es: Gebt dem Volk Brot und Spiele, dann bleibt es ruhig. Das Brot ist die lebensnotwendige Grundversorgung zusammen mit dem Gefühl, irgendwie etwas Besseres zu sein. Römisch zum Beispiel. Deutsch zum Beispiel. »Spiele« waren die Schaukämpfe im Römischen Reich, bei denen in großen Arenen die jeweiligen Feinde des Römischen Reiches den Löwen zum Fraß vorgeworfen wurden, nachdem sie zuvor mit ihnen einen aussichtslosen Kampf kämpfen mussten.

Das »Volk« hat diesen inszenierten »Tötungs-Spielen« gern beigewohnt. Die im eigenen Herzen gefangenen Aggressionen konnten sich durch Schreie und kollektive Hysterie in einem katharsischen Rausch entladen. Danach war man dann angenehm erschöpft. Die Feinde waren tot. Beides sehr wünschenswert, damals.

Dieses Prinzip funktioniert immer. Es hat auch in Deutschland funktioniert vor noch nicht einmal 100 Jahren.

Wer sind heute die Verurteilten in den Arenen? Vielleicht nicht in den realen Arenen, die betretbar sind, aber doch wohl in unseren »postfaktischen« Arenen – in unsere Sprache, in den sogenannten »sozialen Medien«, in den Reden der Parteien, die wieder aufs Neue bestimmen, was deutsch ist und was nicht?

Noch einmal: Wie konnte das passieren? Wodurch sind wir so abhängig geworden von denen, die uns vormachen, dass wir unseren Wert allein durch Geld, Nationalität und Zeitnot zu bestimmen hätten?

Wer oder was gibt mir meinen Wert als Mensch, als denkendes und fühlendes Wesen in einer wunderbar erschaffenen Schöpfung, in der alles so geordnet ist, dass es einmal »sehr gut« war? Warum ist Ruhe und Frieden heute nur noch ein beliebtes und seltenes Erleben in irgendwelchen spirituellen Kursen und erlesenen und teuren geistlichen Zentren und Einkehrhäusern? Warum lesen so viele Menschen gerne Bücher, in denen es irgendwie um Klöster und Mönche geht, während sie es gleichzeitig für unmöglich halten, dass sie ohne Weiteres in ihrem eigenen Leben Ruhe finden könnten, wenn sie ihre Abhängigkeiten überprüfen würden? Viele lesen diese Bücher oder zahlen viel Geld für etwas, das sie ganz kostenlos zu Hause haben könnten, weil sie Sehnsucht haben. Sehnsucht eben nach Ruhe, nach Frieden und nach jemandem, der ihnen den Weg dorthin zeigt.

Immer noch Freitagabend, die S-Bahn fährt ein, ich stehe in einem vollen Waggon. Die meisten Fahrgäste betrachten gelegentlich ihre Smartphones, wenige unterhalten sich, noch weniger tun einfach nichts.

An der nächsten Haltestelle steigt eine junge Frau ein. Offensichtlich obdachlos. Schmutzige Kleidung, aufgequollenes Gesicht, fahle, strähnige Haare, das Obdachlosen-Magazin »Der Straßenfeger« als eine Art Erkennungszeichen vor sich hertragend. Ich erwarte, dass sie gleich in mehr oder weniger kreativer Form eine Entschuldigung für die Störung und die Bitte um eine Spende formulieren wird und dass Letzteres auch durch den Erwerb eines Exemplars des »Straßenfegers« möglich sei. Solches also erwarte ich und krame schon mal nach meinem Portemonnaie.

Mitten in meine Erwartung hinein erklingt ein Gesang von großer Klarheit und Weite. Eine Stimme so rein, so weich, ein klein wenig rau an den Rändern, wie blauer Samt. Eine fremde Melodie webt sich hinein in das freitägliche Gedränge. Eine Melodie, die Bilder in mir aufruft: Bilder von nächtlicher Wüste unter unendlichem Sternenhimmel. Bilder eines fernen Lichtes über einer Bergspitze, gerade so, als würde die erste Ahnung eines fernen Sonnenaufgangs die Nachtbläue mit einem ursprungsersten Glanz erhellen.

Was für eine Stimme! Was für eine Melodie, die aus dem Anbeginn der Zeiten herüberzuwehen scheint!

Vorsichtig drehe ich mich um, fast erwartend, dass alles nur Einbildung meiner manchmal sehr lebendigen Phantasie sein könnte. Aber doch möchte ich wissen, wer da so singt. Und ich muss zwei, drei Mal hinsehen, um es wirklich zu glauben. Sie ist es wirklich. Die junge Frau mit der Obdachlosenzeitung und dem blassen Gesicht. Sie singt. Die Augen hat sie geschlossen, möglich, dass sie gerade ganz andere Dinge schaut als ich. Oder dieselben. Sternenhimmel, Morgenröte. Sie singt.

Im Waggon ist es inzwischen so still, wie ich es nie erlebt habe. Alle Köpfe haben sich der Stimme zugewandt. Manche starren die Frau sprachlos an, anderen schließen ebenfalls die Augen und lauschen nur. Ein ganzer S-Bahn-Waggon als Resonanzraum für diese Stimme. Sie würde auch mühelos das Velodrom füllen, denke ich mir, also eine der größten Veranstaltungsarenen Berlins, die genau an der S-Bahn-Station liegt, an der wir gerade vorbeifahren. Landsberger Allee. Ein eher ärmliches Quartier. Eine unfassbare Stimme. Die Sängerin – ich nenne sie Maria, so kann nur eine Maria singen – hat die S-Bahn verlassen. Wahrscheinlich geht sie jetzt ins Velodrom, geht direkt auf die Bühne und singt weiter. Ihre Melodie klingt nach wie ein zarter Duft, der über allem liegt. Sie verwebt sich mit einer Erinnerung:

Da sitze ich mit vielen anderen in einem Gottesdienstraum in einer Synagoge. Vorne auf einem leicht erhöhten Podium hat bis eben der Rabbiner Texte vorgelesen und Gebete gesprochen. Die Kerzen sind entzündet, die Stimmung überaus feierlich. Mein Hebräisch ist zu bruchstückhaft, als dass ich verstehen würde, was gesagt wird und auch nicht genau weiß, an welcher Stelle der Liturgie wir uns gerade befinden. Plötzlich aber geht ein Ruck durch die Anwesenden, alle stehen auf wie auf ein unhörbares Zeichen hin und wenden sich um. Sie schauen gespannt zur Eingangstür an der Rückseite des Raumes, die inzwischen offen steht. Ein Augenblick Schweigen und dann singen alle einen ebenso heiteren wie festlichen Gesang:

L'kha Dodi likrat Kalah,
P'nej Shabath n'kab'lah
l'kha Dodi likrat Kalah,
Pnej Shabath n'kab'lah.

Auf, mein Freund, der Braut entgegen,
Das Angesicht des Shabath wollen wir empfangen!
Auf, mein Freund, der Braut entgegen,
Die Königin Shabath wollen wir empfangen!

Und auch wenn ich mit meinen äußeren Augen nichts sehe als heiter und andächtig singende Menschen, so sehe ich sie im Gesang mit meinen inneren Augen eben doch

Eintreten: die Königin Schabat.

In der jüdischen Tradition ist der siebte Tag der Woche, der Schabat, der von Gott geschaffene Ruhetag, an dem ER; der Ewige, selbst ruhte von allen seinen Werken. Deshalb war es Sein Geschenk an alle Seine Geschöpfe, dass sie an diesem einen Tag auch ruhen sollten von allen ihren Werken. Dieses Geschenk ist so groß und so wichtig, dass es Eingang gefunden hat in die Zehn Gebote. Ruhe ist lebenswichtig, wenigstens an einem Tag in der Woche.

Und weil ich Ruhe und Frieden nur dann wirklich haben kann, wenn die Menschen um mich herum auch ruhig und möglichst friedlich sind, ist es wichtig, dass alle, die zusammenleben in einem Haus, in einem Dorf, in einer Stadt oder gar einem Land möglichst diesen Ruhetag, diesen Schabat gemeinsam halten. Heiligen. Heiligen heißt: Ihn ernst nehmen als Geschenk und als ein Gebot, ohne dass Leben nicht möglich ist. Die Bedeutung des Schabats wird in der jüdischen Tradition so hoch bewertet, dass geglaubt wird: Wenn alle Juden nur ein einziges Mal den Schabat wirklich gemeinsam halten würden, dann käme der Messias. Dann wäre wirklich Frieden in der Welt. Aber es ist so schwer, uns selbst die Ruhe und den Frieden zu erlauben, die uns doch geschenkt und anvertraut wurden.

Und weil das so schwer ist, hat die jüdische Mystik seit dem 10 .Jahrhundert den Schabat personifiziert, denn es ist leichter auf jemanden, als auf etwas zu warten. Und so wird an jedem Freitagabend mit dem liturgischen Beginn des Schabats, in der Synagoge die Braut oder Königin Schabat feierlich begrüßt. Sie tritt ein, sie bringt den Frieden mit, mit ihr wird eine Nacht und einen Tag lang der Friede gelebt und gefeiert. Und dieser Friede gilt für alle, die den Schabat mit der Königin feiern: In den Geboten, die diese Feier festlegen, wird ausdrücklich betont, dass nicht nur Juden den Tag durch Ruhe und Frieden heiligen sollen, sondern auch alle, die im jüdischen Haus leben – auch der Fremdling, auch die Diener und Mägde, auch das Vieh und auch das Land. Alle sollen wenigstens an diesem einen Tag bekommen, was sie brauchen, ohne dafür etwas leisten zu müssen. Jeder, der nicht genug zu essen und keinen Platz zum Schlafen hat, wird ins Haus und an den Tisch derer geholt, die beides haben. Es darf keine Armut, es soll kein Leid an diesem Tag geben. Es ist das Fest der Königin.

Mag sein, dass mit diesem einen Tag die Welt nicht gerettet wird. Aber ohne diesen einen Tag geht es ihr und uns allen noch schlechter. Und es geht auch nicht um diesen einen Tag an sich. Es geht um die Erinnerung und die Feier der Erfahrung, dass nicht Geld und Besitz uns unseren Wert als Menschen geben, sondern ER, der uns erschaffen hat.

Zum Zeichen dafür, dass wir um unser selbst willen geliebt und gewollt und bewahrt werden, ist uns dieses Geschenk der Ruhe und des Friedens gegeben. Ein Frieden, der so noch nicht ist, den wir aber für einen Tag gewissermaßen vor-feiern können. Am Schabat leben wir in einer präfaktischen Wirklichkeit. Wir können es noch nicht wirklich fühlen, aber wir leben aus dem Glauben, dass es ihn gibt und geben wird, diesen Frieden für alle Geschöpfe und die ganze Erde bei Gott.

Wir leben aus der Hoffnung, dass die Königin Schabat uns führen wird in eine Welt, auf die wir warten und für die wir leben in unseren alltäglichen Bezügen und Verrichtungen. Und die uns unser Maß und unsere Würde gibt.

Der Schabat, so sagt es der jüdische Religionsphilosoph Abraham Heschel, sei ein »Palast in der Zeit«. Deshalb sind wir bei der Königin geladen und deshalb bekommt jede und jeder an diesem Tag eine kleine unsichtbare Krone aufs Haupt gesetzt. Denn an diesem Tag wird sichtbar, was wir immer sind: Königstöchter und Königssöhne des Höchsten. Diese Würde und die Liebe sind größer als alles.

Ich habe sie gesehen. Am Freitagabend um 18 Uhr in der S-Bahn in Höhe Landsberger Allee. Ich habe sie gesehen, die Königin Schabat. Sie war eine Obdachlose, die sang, als habe sie selbst die Sterne und den Mond und die Morgenröte ins Leben gesungen.

Für einen Augenblick war Friede unter den Menschen.

Arvid Jonne oder: Wozu die Zeit erschaffen wurde

Richard sitzt vor mir, dreht sein Weinglas zwischen den Fingern. (Auch dieser Name ist natürlich geändert, wie auch alle folgenden.) Er schaut nachdenklich, ernst. Manchmal, so scheint es mir, rutscht sein Blick irgendwie weg, dann muss er sich kurz konzentrieren, um wieder da zu sein. Lächelt leise entschuldigend.

Richard ist Mitte 40, gut aussehend, lebendig. Nicht besonders fromm, eher pragmatisch im Umgang mit Glauben und Kirche. »Muss nicht sein, schadet aber vermutlich auch nichts«, das ist seine Haltung dazu. Gleichwohl gehört Richard zu einer Kirchengemeinde, wir haben uns sogar dort kennengelernt. Nicht bei einem Glaubensgespräch, sondern bei einer Ausstellung, die in den Räumen der Kirche stattfand.

Richard malt, wie er sagt, nur so nebenbei, aber seine Bilder hingen da nun immerhin an den Wänden und viele Leute standen davor und waren beeindruckt. Sekt gab es auch und schöne Reden. Auch von Menschen, die gar nicht zur Kirche gehören und wirklich nur seinetwegen gekommen waren. Also ist Richard ein Künstler, auch wenn er das gern mit einem verschämten Blick abtut und darauf hinweist, dass er sein Geld ganz normal an einem Schreibtisch in einer städtischen Verwaltung verdient. Auch dafür mag ich ihn, für seine Bescheidenheit, die keine falsche ist.

Richard und ich treffen uns nicht oft, meistens nur so zum Schwatzen beim Italiener oder zu einem Glas Wein, um uns gegenseitig auf den neuesten Stand zu bringen. Da wir gemeinsame Bekannte haben, muss das gelegentlich sein.

Das änderte sich allerdings, als Richard vor etwa einem Jahr strahlend und glücklich zu einem dieser gelegentlichen Treffen kam. Ich sah sofort, dass Entscheidendes passiert sein musste. Und so war es auch, denn seit drei Wochen gab es Lena. Lena war in Richards Leben getreten oder geflogen, gefegt oder gestolpert, die Erzählungen malen verschiedene Bilder dieser Begegnung. In jeden Fall war diese Begegnung überaus folgenreich, denn Lena kam und Lena blieb und nun hatte Richard eine Freundin. Noch dazu eine, die ebenfalls schon Anfang 40 und trotzdem noch ganz frei, unverheiratet und erstaunlicherweise noch immer kinderlos ist. Also: war. Richard konnte sein Glück kaum fassen: eine wunderbare Frau ohne den in diesem Alter fast vorprogrammierten Beziehungsstress und Scheidungstaumel, keine eifersüchtigen Kinder und keine grollenden Schwiegereltern. Nur eine Frau und dann diese. Diese Lena.

Und es dauerte dann auch nicht lange und Richard strahlte noch mehr und Lena wurde mir und ich wurde Lena vorgestellt. Mir wurde hochoffiziell mitgeteilt, dass sie nur scheinbar zu zweit vor mir säßen, in Wirklichkeit aber zu dritt. Lena war schwanger. Kein Problem bei heutiger Medizin, außerdem sind beide ganz gesund, alles gut und viel mehr als das. Ich habe mich so gefreut für die beiden und war geehrt, dass sie es mir als eine der ersten gesagt hatten. So konnten wir gemeinsam warten.

Dieser so strahlend glückvolle Abend ist jetzt etwa sieben Monate her. Seitdem haben wir ab und zu telefoniert. Getroffen haben wir uns nicht mehr, klar, Richard hat jede freie Minute mit Lena und dem Kind verbracht.

Und dann rief er mich gestern an und fragte, ob ich Lust hätte, ihn zu treffen. Nein, Lena könne nicht mitkommen, sie lasse aber herzlich grüßen. Nun also sitzen wir da beim Lieblingsitaliener, kurze Begrüßungszeremonien wie üblich, aber herzlich. Er fragt mich nach meinem Befinden, irgendwas in seinem Blick sagt mir, dass er das jetzt nicht in aller Ausführlichkeit wissen will. Nur mal so gefragt hat er eben.

Der Kellner stellt die Karaffe mit dem italienischen Weißwein und zwei Gläser vor uns hin, dazu wie immer, Brot und Oliven. Richard murmelt ein zerstreutes »Grazie«. Er wirkt wie verloren. Vorsichtig frage ich ihn, wie es denn ihm geht. Ach ja, sagt er mit einem flüchtigen Lächeln, es gehe ihm gut. Und Lena? (Warum frage ich nicht nach Lena und dem Kind? Warum nur nach Lena?) Ja, es geht ihr wieder besser. Besser? War sie krank?

Richard schaut mich an und sagt erst mal nichts. Räuspert sich. Holt tief Luft, will sprechen, bricht wieder ab. Nach einem Blick in seine Augen will ich auch gar nicht wissen, was er mir jetzt gleich sagen wird, ich weiß es ja schon. Aber ich will's nicht hören, eigentlich nicht. Richard sagt auch gar nichts. Er zieht zwei Fotos aus der Jackentasche. Legt sie wortlos auf den Tisch.

Ich sehe ein Babykörbchen. Ganz liebevoll mit weichen Kissen und Deckchen. Umsteckt mit bunten Blumen. Ich sehe einen kleinen braunen Teddy mit lustigen Knopfaugen und ein kleines, flauschiges Schmusetuch, damit das Köpfchen des Kindes wirklich weich liegt. Und dann ich sehe das Kind. Ein zartes, fast durchsichtiges, sehr feines Kind. Die Augen sind leicht geschlossen, das kleine Gesichtchen ganz entspannt. Es hat dunkle Haare, ich ahne Richards Locken darin. Die Hände des Kindes liegen auf der Decke, jemand hat einen Stoffengel danebengelegt. Dieses Kind ist wunderschön. Und es ist selbst auf dem Foto ganz still. Zu still. Ich sage nichts.

Richard schiebt mir ein anderes Foto hin. Ich kann es fast nicht ansehen, ein wilder Protest durchzuckt mich. Nein, so war das nicht gedacht, das war anders verabredet! Das geht so nicht! Aber es geht doch so und ich finde meinen Protest auch in dem zweiten Foto nicht wieder. Lena sitzt auf einem Korbsofa neben dem Tisch, auf dem noch das Babykörbchen steht. Sie sitzt eingebettet in weiche, cremefarbene Kissen. Richard sitzt dicht neben ihr, hat einen Arm um sie gelegt. Mit dem anderen stützt er ihre Hände. In Lenas Händen liegt das Kind, dasselbe, das eben in dem Körbchen lag. Es hat ein weißes Hemdchen an, darüber einen winzigen, sonnengelben Strampelanzug. Es liegt eingehüllt in eine hellblaue Decke, Lena hat die Füßchen leicht damit zugedeckt. Damit es nicht friert. Dieses Kind liegt so still. So unendlich still.

»Er heißt Arvid. Arvid Jonne«, sagt Richard. Er. Ein Junge also. Arvid Jonne. Stimmt, Richard hatte schon immer eine Vorliebe für nordische Namen.

»Hast du den Namen ausgesucht?«

»Wir beide«, antwortet Richard. »Lena wollte Arvid und ich Jonne, also heißt er Arvid Jonne.«

»Haben die Namen eine deutsche Bedeutung?«

Richard lächelt. »Arvid bedeutet Adler und Jonne heißt Sternenkind.«

Ja, denke ich. Das ist er. Ein Sternenkind.

Richard spricht weiter: »Und Jonne ist auch die finnische Abkürzung für Johannes, und das heißt: Gott ist gnädig.«

Erstaunt schaue ich Richard an. »Und du wolltest, dass Arvid so heißt: Gott ist gnädig?«

Ausgerechnet jetzt, da dieser Gott euch Arvid doch wieder genommen hat?

Ich frage mich, wer von uns beiden eigentlich hier der Frömmere ist. Ich bin es im Augenblick ganz sicher nicht.

Richard schweigt eine ganze Weile, ich betrachte das Kind Arvid Jonne und die Eltern. Die Tränen laufen mir übers Gesicht und ich wische sie nicht ab. Wozu denn?

Ich sehe den kleinen, toten Arvid Jonne und denke an meinen eigenen Bruder, den ich nie sehen durfte, der vielleicht ganz ähnlich aussah. Nur dass er eben nicht so liebevoll empfangen und verabschiedet wurde. Sondern irgendwie entsorgt. Darüber wollte meine Mutter nie sprechen und ich kann mir denken, warum. Anfang der 60er-Jahre wurden stillgeborene Kinder nicht so weich gebettet. Gar nicht gebettet.

Aber hier, hier sehe ich so viel Liebe und so viel Wärme. Und so viel Vertrauen, miteinander auch dies zu teilen – diesen ungeheuren Schmerz darüber, den kleinen Sohn, Arvid Jonne, kaum dass er geboren wurde, wieder zu verabschieden.

Sie halten sich liebevoll fest, diese drei Menschen. Jawohl, diese drei. Das Kind hält die Eltern, wie sie das Kind halten.

Richard hat noch nicht auf meine Frage geantwortet. Also schaue ich ihn an, nachdem ich die Tränen nun doch aus meinem Gesicht gewischt habe.

Er schaut mich an und sagt langsam: »Doch, doch. Gott ist schon gnädig. Er hat uns Arvid für sieben Monate anvertraut. Wir haben so intensiv und so glücklich mit ihm und miteinander gelebt, wie ich das nie für möglich gehalten hätte. Es war die glücklichste Zeit meines ganzen Lebens.«

Das ist schon ein Geschenk. Gnade, ja.

Das klingt wunderschön, ohne Frage. Und doch erkenne ich meinen spröden, manchmal flapsigen Freund Richard darin kaum wieder, der sich immer als »ungläubigen Thomas ohne Christusbegegnung« bezeichnet hat.

Und als hätte er meine Gedanken gelesen, sagt er: »Weißt du, als ich Arvid Jonne auf dem Arm hatte, hatte ich das Gefühl, nun hätte ich ihn berührt, diesen Gott mitten unter uns, von dem du manchmal erzählst. Diesen Gott, der ganz klein wird und in einer Krippe liegt. Oder der dem Thomas seine Wunden zeigt und an diesen Wunden den Gottessohn erkennt. So erging es mir. Arvid Jonne ist ein einziges Wunder. So etwas kann nur ein Gott schaffen. Und wir durften mit diesem Wunder leben, einen Augenblick lang, aber mehr kann ich nicht erwarten vom Leben. Doch, doch, Gott ist schon gnädig. Ich werde das nicht vergessen.«

Und dann erzählt mir Richard, dass Arvid Jonne ihn in diesen sieben Monaten und erst recht in den wenigen Stunden seines Lebens alles über die Bedeutung einer erfüllten Zeit gelehrt habe. Er, Richard, habe immer geglaubt, der Wert einer Zeitspanne sei daran zu bemessen, wie materiell erfolgreich und ertragreich jemand oder etwas in dieser Zeitspanne sei. Am deutlichsten formuliert in dem Sprichwort: »Zeit ist Geld«. Das heißt auch, nur was Geld bringt, ist es wert, Zeit darin zu investieren. Deshalb habe nie jemand Zeit. Denn wer sagt, er habe Zeit, würde damit vorgeben, zu viel Geld zu haben. Und so was darf man heute gar nicht sagen, das ist irgendwie unfein.

Mit Lena und Arvid Jonne habe er gelernt, dass Zeit etwas ganz anderes ist. Dass jeder Augenblick das ganze Leben ist. Dass jede Sekunde eine kleine Ewigkeit voller Liebe und Hoffnung ist, wenn man ihr mit offenem Herzen begegnet.

Er habe, sagt Richard leise, nie so viel Liebe und Ewigkeit und Hoffnung gespürt wie in den paar Augenblicken, als er Arvid Jonne auf dem Arm hatte. Diese Liebe, die ihn da erfüllt habe, ist keiner messbaren Zeit unterworfen und wird auch nicht deshalb weniger, weil Arvid wieder zurückgegangen ist in das Leben, aus dem er kam. Die wenigen Monate, als er noch in Lenas Bauch war, und die wenigen Minuten, die er bei uns auf dieser Welt war, waren so vollendet, dass sein ganzes Leben davon erfüllt sein wird. Sagt mein immer etwas lästernder Freund. So ernst, so weise. So liebevoll.

»Kennst du die Geschichte vom Babyengel George?« frage ich Richard.

»Ja«, sagt er, »ein Arzt hat uns das Buch geschenkt. Es ist ganz wunderbar, Lena und ich lesen es uns gegenseitig vor. Besonders als der kleine Babyengel George über die Zeit nachdenkt, habe ich gedacht, dass der Autor James Jennings wohl etwas Ähnliches erlebt haben muss wie wir.«

Wieder schweigen wir, betrachten die Bilder.

»Wie geht es Lena?«

»Sie ist sehr, sehr traurig. Aber auch froh, trotz allem. Immerhin haben wir einen wunderbaren Sohn. Das bleibt doch so.«

»Und wo ist Arvid Jonne jetzt?«

»Er wartet noch auf dich. Also, wir warten auf dich. Wir wollten dich fragen, ob du ihn beerdigen würdest.«

Ich schlucke, wieder laufen mir die Tränen über das Gesicht. Ich darf ihn beerdigen. Was für ein Geschenk.

Ja, sage ich, natürlich. Sehr gern. Sehr sehr gern.

Zu Hause kuschele ich mich in eine Decke und denke an diese drei Menschen, diese Gnadenkinder. Arvid Jonne, Lena, Richard. Neben mir liegt das Buch von James Jennings, das von dem Babyengel George handelt, der als frühgeborenes Menschenkind auf die Welt kommt, sehr wunderbare Begegnungen beschreibt, obwohl er doch immer in seinem Brutkasten liegt und schließlich wieder in den Himmel zurückgeht, aus dem er kam. Seine Eltern haben mit ihm gemeinsam erlebt, was Liebe ist.

Dieser kleine George spricht mit seinem Vater, dem lebendigen Gott, über die Frage der Zeit:

Ich stelle fest, dass ich den Begriff »Zeit« bereits mehrmals verwendet habe. Seit ich hier bin, ist häufig davon die Rede. Bei Erwachsenen scheint sich alles um die Zeit zu drehen. Zeit zu essen. Zeit zu gehen. Ich habe nicht viel Zeit. Zeitverschwendung. Immer wieder lassen sie sich über die Zeit aus. Im Himmel habe ich mal gehört, wie ein ausgewachsener Engel unseren Vater fragte, warum es den Menschen gegeben ist, derart auf die Zeit bedacht zu sein.

»Vater«, hatte der Engel vorgebracht, »selbst während meiner Lehrzeit als Mensch habe ich das Getue um die Zeit nie verstanden; es ist, als ob alles, ob Gutes oder Böses, nach den Sekunden und Minuten der Erdumdrehung bemessen würde. Bis zu meiner Rückkehr ins Paradies, so nahm ich an, würde ich alles über die Menschen wissen – aber das mit der Zeit bleibt mir nach wie vor ein Rätsel. Warum lassen sich die Menschen von der Zeit geradezu knechten?«

Wenn Vater sich davor drücken will, einem alles zu verraten, was er weiß, pflegt er in Rätseln zu sprechen, die, oft als humorvolle Geschichten verpackt, bei uns kleinen Engeln helle Begeisterung hervorrufen.

Ich sehe noch deutlich Vaters Gesicht vor mir, überzogen mit einem Grinsen, größer als ein Regenbogen, als er auf die Frage des Engels einging: »Ehrlich gestanden: Mir ist das auch schleierhaft. Ich habe die Zeit geschaffen, um dem Menschen Abwechslung zu geben. Ohne die Bewegung der Sterne, der Sonne und des Mondes gäbe es keine Abwechslung, und Bewegung ist für sie gleichbedeutend mit lebendig sein. Dass sie die Bewegung, den Ablauf der Zeit als etwas Bedrückendes erleben, lag mir dabei fern. Wahrscheinlich hängt das mit dem von mir beabsichtigten Geheimnis um die Schöpfung zusammen – alles scheint vollendet, allerdings nur einen Augenblick lang; im nächsten Moment nimmt die Vollkommenheit eine andere Form an. Vielleicht habe ich da ein bisschen geschlampt, vielleicht sogar absichtlich.« Vater zwinkerte. »Alles was ich geschaffen habe, ist, wie es scheint, gelungen – bis auf die Versessenheit des Menschen, Herr über die Zeit sein zu wollen. Meine Absicht war es, die Zeit dem Menschen als Freund zur Seite zu stellen, ihm damit eine sich ständig ändernde Atmosphäre von Schönheit in Vollendung zu bieten, ähnlich den Wolken, die sich ständig verändern. Dennoch scheint Zeit für den Menschen eine Bedrohung zu sein.«

»Aber Vater«, beharrte der große Engel, »der Mensch wurde nach deinem Ebenbild geschaffen und du bist vollkommen.«

Wieder zwinkerte der Vater. »Könnte doch sein, dass es mir Spaß macht, dem Menschen Entscheidungen zu überlassen, die ich meinen anderen Geschöpfen nicht zugestehe. Ich bin der allmächtige Gott, als der ich dem Menschen gestatte, Herr seiner selbst zu sein.«

(aus: James Jennings, George – Autobiographie eines Engels, München 1996)

Ich werde Richard fragen, ob ich ein Bild von Arvid Jonne bekomme. Er soll mich daran erinnern, dass jeder Augenblick geschenktes Leben ist. Voller Liebe, so wie dieses zarte Kind.

VIII.

In der Mitte die Liebe

Das Licht über meinem Schreibtisch leuchtet warm und freundlich, es ist ganz still um mich herum.

Eben habe ich die Geschichte von Richard, Lena und Arvid Jonne aufgeschrieben, blättere noch ein bisschen in dem zauberhaften Buch über den Babyengel George und fühle mich für Augenblicke friedlich, ganz und gar.

Neben mir blinkt mein Handy. Ich habe den Ton ausgestellt, traue mich aber nicht, es ganz wegzulegen. Es kann ja immer mal was sein, auch in der Gemeinde. Und so spät ist es ja auch nicht.

Es blinkt in meinen schönen Frieden. Es blinkt in meine Gedanken, in denen ich das nächste und letzte Kapitel beginne vorzuzeichnen. Es soll eine Art Zusammenfassung und Ausblick enthalten, vor allem aber noch einmal die Mitte in all den Bildern und Fäden und Mustern suchen, die dieses Buch bisher durchziehen. Vor allem soll dieses letzte Kapitel Freude machen und Mut. Es soll einfach schön werden.

Neben mir blinkt mein Handy.

Also gut, denke ich, Frau Pastorin, Sie sind im Dienst. Ich gebe die Codenummer ins Handy ein, sehe, dass mir Alienor eine SMS geschrieben hat. Jetzt? Um diese Zeit? Das tut sie nie. Ich beginne zu lesen:

»Liebe Freundin, habe gerade im Radio von dem Lastwagen gehört, der gezielt oder nicht in den Berliner Weihnachtsmarkt gefahren ist. Ist bei dir und euch alles in Ordnung? Liebe Grüße, Alienor.«

Die Nachricht wurde um 22.10 Uhr geschrieben, jetzt ist es 22.13 Uhr am Abend des 19. Dezember 2016. Ich verstehe nicht, was sie schreibt. Wieso Lastwagen, wieso Weihnachtsmarkt?

Die Internetverbindung im Wohnzimmer ist so schlecht. Also runter vom Sofa, hoch ins Arbeitszimmer und an den Laptop. Dann sehe und lese ich es, immer wieder und kann doch nicht glauben, was ich da sehe und lese.

Ein großer LKW ist in den Weihnachtsmarkt am Breitscheidplatz, direkt neben der Gedächtniskirche, in die Besucher gefahren. Tote, Verletzte, Blaulicht, Feuerwehr, Entsetzen, erste Stellungnahmen, die immer wieder beteuern, dass man noch nichts Näheres weiß.

Ich sehe die Bilder, kann mir das Grauen der Angehörigen und der Verwunderten nicht vorstellen, kann nur fassungslos auf die Bilder starren.

Zwischendurch schicke ich eine kurze Nachricht an Alienor, dass ich erst jetzt sehen würde, was sie meint. Dass mit uns soweit alles in Ordnung sei. Während ich ihr noch schreibe, erreichen mich die nächsten Nachrichten aus ganz unterschiedlichen Gegenden – bis du okay? Geht es dir gut?

Seltsamerweise bekommt das Geschehen durch diese Nachfragen eine größere Dichte und Nähe als durch die Bilder im Fernsehen. Es ist so grotesk, aber die Bilder sind einander zu ähnlich, als dass sie im ersten Moment wirklich nah sein könnten: Nizza, Paris, Istanbul, München, Ansbach. Aber dass Freunde nachfragen, ob es uns gut geht – das beweist mehr als die Fernsehbilder, dass das hier, in unserer mehr oder weniger unmittelbaren Umgebung geschieht.

Nicht dass es dadurch schlimmer wäre als die Anschläge in Paris oder Nizza es waren – nur eben näher. Ich kenne da sozusagen jeden Stein am Breitscheidplatz. Das war das Herz des ehemaligen Westberlin, das war der Ort meiner jugendlichen Einkaufslust, diese Kirche war eine der wenigen, in die ich schon als ungetauftes Berliner Kind gern ging und der daneben beherbergte Eine-Welt-Laden war der erste Eine-Welt-Laden, den ich in den 70er-Jahren überhaupt zu sehen bekam.

Das ist tatsächlich ein Teil meiner ureigenen Heimat, dort, wo jetzt dieser LKW steht und Menschen tot sind oder verletzt.

Und es ist mein und unser ureigenes Fest, dessen Vorbereitungen gestört und bis zur Unkenntlichkeit verzerrt werden.

Weihnachten. Wo das Leben selbst Mensch wird. Wo die Hoffnung aufblühen soll, jedes Jahr immer wieder, und der Friede einen Namen bekommt. Es ist das Fest, in dem das Einfache, Niedrige, Arme und Schwache endlich in die Mitte kommt – in die Mitte unserer Welt, unseres Lebens, unserer Herzen.

Es ist das Fest, an dem wir uns – oh seltsame Verkehrung aller Erfahrung – herunterbeugen zu dem höchsten Gott, der sich selbst als kleines Kind in unsere Obhut begibt. Um unsere Zärtlichkeit zu wecken und unser Lächeln zueinander und zu ihm zu befreien.

Was ich sehe, ist, dass Sanitäter sich zu den Verletzten hinunterbeugen und dass Menschen weinen. Niemand lächelt. Wie perfide ist das. Ausgerechnet auf einem Weihnachtsmarkt Tod und Schrecken zu verbreiten. Das trifft tief.

Und ich ahne schon, dass alles, was wir versuchen zu sagen zum Schutz der Geflüchteten in unserem Land und zum Öffnen der Grenzen für die Bedürftigen, noch mehr als ohnehin schon in den Wind gesprochen sein wird. »Da habt ihr's, ihr Gutmenschen!« So höre ich schon jetzt die hämischen Kommentare derer, die auch den Tod der Opfer instrumentalisieren zur Verbreitung von Misstrauen und Hass. »Ihr seid schuld, ihr wolltet ja unbedingt, dass die Flüchtlinge hierbleiben!« »Da seht ihr's! Über die Balkanroute ist er gekommen, der Täter! Wir haben gleich gesagt: Dicht machen! Aber ihr konntet ja nicht genug kriegen von eurer eigenen Wohlanständigkeit!«

Und ich sehe, wie dieser Mensch, der den LKW gelenkt hat, viel heimlichen Beifall findet bei denen, die immer schon wussten, dass der Islam den Untergang des christlichen Abendlandes befördert. Jetzt haben sie ein wahrhaft treffliches Symbol dafür.

Ob das der Fahrer des LKW beabsichtigt hat? Das muss er wohl. So was geschieht ja nicht zufällig.

Dass am selben Abend auch der russische Botschafter Andrej Karlow in Ankara von einem Polizisten erschossen wurde, geht in dem Nachrichtentaumel aus Berlin fast unter. Auch hier: bei einer Ausstellungseröffnung, einem Ort also, an dem Menschen entspannt mit dem beschäftigt sind, was dem Leben Licht und Farbe geben soll, mit Kunst zum Beispiel. Sicher nicht mit dem Tod.

Nun sind sie es doch: Die Sicherheitsmaßnahmen in der Türkei sind noch einmal verschärft worden und um den Striezelmarkt, dem traditionsreichen Weihnachtsmarkt in Dresden, werden Betonsperren aufgebaut. In Berlin bleiben heute alle Weihnachtsmärkte geschlossen. Weihnachten hinter Schutzschilden. Das ist Gegenteil dessen, was unser Gott beabsichtigt hat.

Die Wirklichkeit, die uns umgibt, hält sich nicht an die Komposition, die ich diesem Buch zugrunde legen wollte. Das hat sie in den ganzen letzten Wochen nicht getan.

Tatsächlich ist kein einziges Kapitel so geworden, wie ich es mir vorgenommen hatte. Immer kam »irgendetwas« oder »irgendjemand« dazwischen, der oder das meinen vorgedachten Aufbau unterwandert, überspült, durchkreuzt hat. Ihm ein anderes Muster eingewebt hat, als ich mir das so vorgestellt hatte.

Und nun, statt des geplanten entspannten Schlusswortes, der im Moment fast größte anzunehmende – nein, eben nicht – Unfall. Eher: Schrecken. Hinter dem Schrecken steht eine große Macht, die den Hass in den Herzen hervorruft. Und den Wunsch nach Vergeltung.

Das Konzept meines Buches geht also nicht so glatt auf, wie ich mir das gewünscht hatte.

Vermutlich ist das die konsequente Folge eines Titels, der »Mittendrin« heißt. »Mittendrin« ist eben nicht außen vor.

Wenn ich mittendrin stehe, kann ich nicht so tun, als wäre gar nichts passiert. Heute nicht, gestern nicht, vorige Woche auch nicht. Immer passiert etwas, das die schönen Worte vom friedlichen Leben und der Liebe Gottes zu den Menschen – erst recht die schönen Worte von der Liebe der Menschen zu Gott – hart prüft und für viele Menschen außer Kraft setzt.

Worte werden außer Kraft gesetzt. Das ist eine interessante Formulierung. Wir setzen etwas außer Kraft. Regeln oder Verträge. Abkommen oder Einrichtungen.

Wenn sie »außer Kraft« gesetzt werden, heißt das im wörtlichen Sinne, dass sie jemand nimmt und aus einem bestimmten Kraftfeld heraussetzt. So wie man zum Beispiel etwas aus der Sonne nimmt, damit es nicht verbrennt.

Wenn das so gemeint ist, dann allerdings können wir die Worte von der Liebe Gottes gar nicht außer Kraft setzen. Denn sie sind die Kraft selbst. Sie sind nicht das, das man aus der Sonne, aus dem Licht, aus der Wärme nehmen könnte, denn sie sind das Licht und die Wärme. Sie sind das Leben selbst.

Es kann also – für mich jedenfalls – nicht sein, dass ich angesichts dessen, was mich und uns hier und gerade heute aktuell umgibt, die Worte von der Liebe beiseitelege, weil sie nun nichts mehr taugen würden. Weil sie ja so offenkundig nicht wahr zu sein scheinen.

Wenn ich so rede, gehe ich davon aus, dass die Wirklichkeit die Worte von der Liebe bestätigen müssten. Seht her, so haben es die Worte gesagt, und so ist es ja auch.

Nein, so ist es nicht. Denn die Wirklichkeit ist nicht die Bestätigung der Worte, sondern die Worte erschaffen die Wirklichkeit, immer wieder neu. Immer wieder genau in dem Augenblick, in dem sie gesprochen und gelebt werden. Auch im ganz Kleinen.

Auch in der kleinen Frage per SMS: Geht es dir gut?

Da wird Wirklichkeit erschaffen – Zuwendung, Freundlichkeit, Liebe. Sehr wirksame Wirklichkeit.

Ja, ich weiß um die maßlose Enttäuschung, dass diese Liebeswirklichkeit, diese Friedenswahrheit immer wieder neu geschaffen werden muss durch diese Worte und ihre Kraft.

Wir hatten uns das anders gewünscht, von Anfang an. »Wir« – also die Jüngerinnen und Jünger Jesu und die ersten Generationen nach seinem Tod und seiner Auferstehung, die sich die Anhänger des Neuen Weges genannt haben. Wir also haben gedacht und gehofft, dass durch Jesu Tod und Auferstehung nun das Ende der bisherigen Welt mit all ihrem Schrecken und ihrer Todesverfallenheit erreicht sei. »Wir« haben wirklich geglaubt, dass nun mit ihm das Friedensreich Gottes anbrechen würde. Dem war nicht so.

Schon 20 Jahre nach dem Tod Jesu und seiner Auferstehung wurden die ersten christusgläubigen Juden verfolgt, vertrieben, ermordet. Das blieb so bis zum Anfang des 4. Jahrhunderts, wenn auch Intensität und Art der Verfolgung von Region zu Region und von Regent zu Regent variiert haben mögen. Frieden jedenfalls war nicht, weder für die Christen noch für die Juden, noch für irgendein anderes Volk im Römischen Reich. Und als das Christentum dann 380 durch Kaiser Konstantin zur Staatsreligion erhoben wurde, hörten zwar die Christenverfolgungen auf, dafür aber begannen die Christen nun ihrerseits recht bald, die Angehörigen anderer Traditionen und Kulturen zu vernichten. Zunächst in Jerusalem und dann im ganzen damaligen Europa und schließlich in dem neuentdeckten Amerika und von dort dann wieder zurück in die sogenannte Alte Welt. Frieden jedenfalls war nicht, auch nicht unter den Christen.

Wir hatten es uns anders gewünscht. Wir hatten gehofft, dass wir nicht mehr warten müssen. Dass die Zeit wirklich erfüllt sei, wie wir es einmal im Jahr am Heiligen Abend hören und singen und feiern. Wir haben geglaubt, dass wir nicht mehr jedes Jahr Weihnachten feiern müssen, sondern dass jetzt für immer Weihnachten ist. Für alle und für uns auch. Aber so ist es nicht.

Und weil es so nicht ist, haben viele Menschen den Worten, um die es hier geht, den Worten Gottes von der Liebe und dem

Frieden die Kraft zu wirken abgesprochen. Haben sie also vermeintlich außer Kraft gesetzt.

Weggehen ist besser als Warten. Nicht wahr? Wenn ich dennoch warte und glaube, gegen allen Augenschein und auch heute wieder, weil ich nicht nur Bilder des LKW auf dem Berliner Weihnachtsmarkt sehe, sondern auch die Bilder von den Kindern in Syrien zwischen den Bombenkratern und die Bilder der verhungernden Kinder in Afrika und die Bilder von den schwer traumatisierten Jesidinnen und das Mädchen mit Kopftuch und Maschinengewehr im Jemen und alle diese Bilder – wenn ich also trotzdem warte und glaube, dass diese Worte eine Kraft haben, dann deshalb, weil ich bisher keine anderen gefunden habe. Keine anderen Worte und keinen anderen Gott, die es wagen, diesen Zwiespalt, in dem wir leben, auszuhalten.

Ich finde keine anderen Worte, die von einem Gott erzählen, der sich mitten in diese Welt, wie sie ist, hineinbegibt und mit uns mitleidet, anstatt uns zu vernichten.

Ich finde keine anderen Worte von einem Gott, der die Ohnmacht der Liebe aushält ohne Gegenwehr bis in den Tod und der uns dann vom Leben singt.

Als ich vorhin von Richard erzählte, habe ich auch erwähnt, dass er selbst sich immer ganz gern mit dem »ungläubigen« Thomas vergleicht. »Ungläubig« wird dieser Jünger Jesu in der Tradition oft genannt, aber ich finde, dass ihm damit unrecht getan wird. Thomas, einer der zwölf Jünger Jesu, ist kritisch, ja. Er will nicht einfach vom Hörensagen glauben. Er will selbst sehen, hören, wirklich begreifen, was gemeint ist, wenn die anderen davon sprechen, dass Jesus auferstanden sei.

Die Geschichte wird in der Bibel im Johannes-Evangelium erzählt. Jesus wurde zuvor gekreuzigt am Karfreitag und ist am ersten Tag der Woche, einem Sonntag nach jüdischer Zeitrechnung, auferstanden. Er wurde lebendig von einigen Jüngern gesehen und manche haben mit ihm gesprochen, anderen wurde nur von diesem unfassbaren Ereignis erzählt. Zu diesen Letzteren gehört auch Thomas. Er war schlichtweg nicht zu Hause, als Jesus die anderen Jünger besucht und sich als der Auferstandene zu erkennen gegeben hatte. Jesus zeigt den anderen seine Wundmale an Händen und Füßen und daran also erkennen die anwesenden Jünger, dass sie wirklich Jesus vor sich haben. Dann geht der Auferstandene wieder und lässt die Jünger verwirrt, aber auch überglücklich, zurück. Und nun soll Thomas, der später zu ihnen stößt, einfach glauben, was die anderen ihm erzählen – und das will er nicht.

Und so wird die Geschichte im Johannes-Evangelium erzählt:

Am Abend aber desselben ersten Tages der Woche, da die Jünger versammelt und die Türen verschlossen waren aus Furcht vor den Juden, kam Jesus und trat mitten ein und spricht zu ihnen: Friede sei mit euch! Und als er das gesagt hatte, zeigte er ihnen die Hände und seine Seite. Da wurden die Jünger froh, dass sie den HERRN sahen.

Da sprach Jesus abermals zu ihnen: Friede sei mit euch! Gleichwie mich der Vater gesandt hat, so sende ich euch. Und da er das gesagt hatte, blies er sie an und spricht zu ihnen: Nehmet hin den Heiligen Geist! Welchen ihr die Sünden erlasset, denen sind sie erlassen; und welchen ihr sie behaltet, denen sind sie behalten.

Thomas aber, der Zwölf einer, der da heißt Zwilling, war nicht bei ihnen, da Jesus kam.

Da sagten die andern Jünger zu ihm: Wir haben den HERRN gesehen. Er aber sprach zu ihnen: Es sei denn, dass ich in seinen Händen sehe die Nägelmale und lege meinen Finger in die Nägelmale und lege meine Hand in seine Seite, will ich's nicht glauben.

Und über acht Tage waren abermals seine Jünger drinnen und Thomas mit ihnen. Kommt Jesus, da die Türen verschlossen waren, und tritt mitten ein und spricht: Friede sei mit euch! Danach spricht er zu Thomas: Reiche deinen Finger her und siehe meine Hände, und reiche deine Hand her und lege sie in meine Seite, und sei nicht ungläubig, sondern gläubig! Thomas antwortete und sprach zu ihm: Mein HERR und mein Gott!

Spricht Jesus zu ihm: Dieweil du mich gesehen hast, Thomas, glaubest du. Selig sind, die nicht sehen und doch glauben!

Ich konnte diesen Thomas immer sehr gut verstehen.

Es wird so viel erzählt von irgendwelchen Heilsversprechungen, damals wie heute. So schnell wird verlangt, nun endlich mit den Zweifeln und dem Leiden aufzuhören, denn nun sei doch alles gut. Und nicht wenige Menschen lassen sich einlullen und klammern sich an zweifelhafte Versprechungen, geben sich hin an selbsternannte Gurus und damit die eigene Verantwortung für das eigene Denken und Handeln aus der Hand.

Gott hat uns aber einen wachen Verstand gegeben und der ist zu gebrauchen, auch und gerade, wenn von Auferstehung, Neugeburt gar die Rede ist.

So ist mir dieser Thomas nahe, der eben nicht gleich alles glaubt, was gerade wieder mal angesagt ist. Er verlangt ganz konkrete Erkennungszeichen. Was aber will Thomas wirklich, wenn er den kühnen und ungewöhnlichen Wunsch äußert, die Wunden des Meisters zu sehen und zu fühlen? Warum sagt er nicht, dass Jesus ein Wunder vollbringen soll oder nun, nachdem er seine Rolle als Gottesknecht zu Ende gespielt hat, nun endlich als König auftreten soll?

Jetzt kann ihm, dem Erwählten, doch nun wirklich nichts mehr passieren, nun könnte doch wirklich alles gut werden!

Aber Thomas fragt nach den *Wunden*. Nach dem verwundeten Heiland. Er fragt nach der Menschlichkeit Gottes, gerade nach der Auferstehung.

Vielleicht hat Thomas besser als alle anderen verstanden, worum es wirklich geht. Auch nach der Auferstehung muss dieser Gottessohn als Mensch erkennbar, fühlbar sein, denn so hat er sich selbst immer wieder bezeugt. Er fragt nicht nach dem Medienstar, sondern nach dem, der sich seiner Wunden nicht zu schämen braucht. Er fragt nach dem Gott, der Mensch bleibt durch den Tod hindurch.

Das ist der Unterschied zwischen diesem Gott und allen anderen auch selbsternannten Göttern: Dass er Mensch wurde und bleibt bis in den Tod und darüber hinaus – verletzbar, angreifbar, sogar zerstörbar – und siehe, ER lebt.

Nur das zählt. Keine Glorie, keine weißen Gewänder, keine gewaltigen Engelschöre, das wäre alles nichts Besonderes. Das kennen wir so von den Göttern und denen, die sich dafür halten.

Aber dass ER Mensch wird und Mensch bleibt und für immer teilhat an unserer Menschlichkeit – das ist das, was ihn zum unverwechselbaren Gott macht. Genauso fing es an. Mit der unglaublichen Menschwerdung.

Der Ewige Gott kam auf die Erde und wurde verletzliches Kind in einem einfachen Mädchen aus Israel. Als Sohn eines Zimmermanns wuchs ER auf und zog drei Jahre wortlos und arm durch das Land und tat das ganz Naheliegende: ER heilte die Menschen, die ihm begegneten, rief die körperlich, seelisch, geistlich Toten zurück in Seine lebendige Gegenwart und sagte immer wieder, dass der ferne Gott ganz nahe ist – als verwundbarer Mensch, verletzt, beleidigt, getötet – und siehe, ER lebt.

Bis heute. Sonst gäbe es keine Christen, keine Kirche, keine Bibel. Das ist das Zeichen seiner Göttlichkeit – seine Menschlichkeit bis in den Tod und seine verwundete Auferstehung.

Als ein so verwundeter Gott bleibt er erkennbar und spürbar, bleibt er nach der Auferstehung berührbar. Weil ER, der

Gesalbte Gottes, selbst die Wundmale trägt, kennt ER auch unsere offenen oder verborgenen Wunden und kann sie heilend anrühren. Sogar die, die wir alle gemeinsam als Menschen tragen – die schmerzliche Trennung von Gott, die nur von Ihm selbst überwunden wird.

Ich bin sicher, dass Thomas den Auferstandenen tatsächlich berührt hat und so selbst angerührt wurde – auch wenn der Text das nicht ausdrücklich schreibt.

Denn nur eine so innige Begegnung kann ein solches Erkennen bewirken, wie Thomas ausruft: Mein Herr und mein Gott! Mehr zu sagen ist dann nicht mehr nötig und vielleicht nicht mehr möglich.

Und ich? Und wir heute? Es wäre den Versuch wert. In Seiner Nähe können auch wir uns zu erkennen geben als Menschen ohne alle Verstellung.

»Wenn ihr aufhören würdet zu siegen, würdet ihr leben«, sagt Christa Wolf. Genau das ist der Geist und die Kraft, die in den Worten der Schrift, in den Worten des lebendigen Gottes und in den Worten Jesu Christi wirkt: Ihr seid zum Leben geschaffen und nicht zum Tod, zur Liebe und nicht zum Hass.

Das lebendige Wort Gottes, Mensch geworden in Jesus Christus, geht diesen Weg mit uns mitten in der Welt, in der wir leben. Wenn wir uns ihm anvertrauen.

Wie lange? Wie lange müssen wir noch warten? Wann wird es Weihnachten bleiben in dieser Welt? Wann wird endlich Frieden sein?

Wir wissen es nicht. Niemand weiß es.

Aber so lange wir noch warten müssen, werde ich nicht aufhören, zu leben, wenn ER mir die Kraft dazu schenkt. ER, nicht ich selbst.

Albert Schweitzer hat ein sehr lebendiges Wort gesagt: »Hilf mir, mein Leben wie einen flammenden Holzscheit in die versammelte Dunkelheit der Welt zu schleudern.«

Mir gefällt dieses starke Bildwort, weil es von einem großen Willen spricht, der sich einer großen Kraft anvertraut. Ein Wort, das die Dunkelheit der Welt nicht kleinredet. »Versammelte Dunkelheit« ist eine ungewöhnliche Beschreibung und weckt die Vorstellung von einer nicht weniger aktiven Dunkelheit, die sich da zusammenballt. Das Wort vom flammenden Holzscheit aber meint auch, dass wir uns von dieser Dunkelheit nicht überwältigen lassen müssen, sondern wir sie in der Kraft und der Liebe Gottes hell machen können und hell machen sollen. Mehr sagt es nicht, aber eben auch nicht weniger.

Irgendwann werde ich vor eine entscheidende Frage gestellt, die Frage, die da an mich gestellt wird, heißt ungefähr so: Wer, glaubst du, ist letztlich die alles wirkende und alles erschaffende Kraft in der Welt: Du Menschenkind oder ICH; der lebendige Gott?

Wenn ich diese Frage so beantworte, dass ich letztlich Gott als den oder die eigentlich wirkende und alles leidende Kraft erkenne, dann muss ich irgendwann auch anerkennen, dass ich den »Rest« der Geschichte noch nicht kenne und vielleicht auch in diesem Leben nicht mehr erleben werde.

Ich werde wahrscheinlich nie wissen, so lange ich hier lebe, warum ER noch nicht gekommen ist, warum noch kein Friede ist, warum LKW in Weihnachtsmärkte fahren dürfen.

Aber ich werde Teil sein dieser Geschichte. Ein Fädchen im Teppich vielleicht. Vielleicht ein Klang in der Symphonie. Ich werde mittendrin bleiben und mit allen Geschöpfen im Gewebe seiner Liebe bleiben, die mich trägt und erhält und die die Welt erschafft, immer weiter.

Und einmal werden wir das ganze Muster erkennen. Bis dahin bleiben wir und ermutigen uns und die Menschen gegenseitig. Bis dahin hoffen wir und enttäuschen wir. Bis dahin wirken wir Gutes und werden wir schuldig, immer wieder. Bis dahin glauben wir, dass uns vergeben wird, immer wieder und dass ER, der lebendige Gott, uns schon gefunden hat inmitten unserer Sehnsucht.

Denn das ist sein adventlicher Name: Immanuel, Gott mit uns.